Die Autorinnen

Fourou Turan
Die Heilpraktikerin Furou Touran ist Spezialistin in der Energiefeld-Arbeit, lebt in Hamburg und arbeitet dort in eigener Praxis. Für einige Formen ihrer neuen Energiefeld-Therapien benutzt sie ausschließlich die Quintessenzen zur Versiegelung der Aura, um den frisch gewonnenen höheren Energiezustand zu erhalten. Fourou Turan bemüht sich vor allem darum, die Aura-Soma-Substanzen auch in andere Gebiete der Heilarbeit einzubeziehen.

Anita Martiny
Beschäftigt sich seit vielen Jahren mit alternativen Heilmethoden unter Einbeziehung esoterischer Grundsätze. Sie hat die Heilpraktikerin Fourou Turan im Rahmen ihrer Beschäftigung mit Aura-Soma kennengelernt und danach beschlossen, aus dem eigenen Erleben heraus ihre Erfahrungen auch an andere weiterzugeben.

Wichtiger Hinweis für alle Leser
Alle Angaben in diesem Buch beruhen auf eigenen Erfahrungen und Patientenberichten. Hinweise und Ratschläge wurden sorgfältig überprüft. Grundsätzlich aber sollten alle Befindlichkeitsstörungen mit einem Arzt besprochen werden, ehe eine Selbstbehandlung vorgenommen wird. Insbesondere sollte abgeklärt werden, daß die vorliegenden Beschwerden nicht Symptome von Krankheiten sind, die dringender ärztlicher Behandlung bedürfen. Weil bei jeder Therapie immer die genauen Umstände des Einzelfalls berücksichtigt werden müssen, können Autoren, Produzenten oder Verlag für den Erfolg bzw. die Richtigkeit der Anwendungen keinerlei Gewähr übernehmen.

Anita Martiny · Fourou Turan

Aura-Soma
Praktische Erfahrungen

Die sanfte Heilung von Körper und Geist

WILHELM HEYNE VERLAG
MÜNCHEN

HEYNE RATGEBER
Body & Soul
08/5175

Dieses Buch ist bereits unter der Nummer 08/9721 erschienen.

Umwelthinweis:
Dieses Buch wurde auf
chlor- und säurefreiem Papier gedruckt.

Printed in Germany 1998
Konzeption und Realisation: Livingston Media, Hamburg
Lektorat: Renate Schilling
Fotos: André Fichte, Hamburg
Umschlaggestaltung: Atelier Adolf Bachmann, Reischach
Umschlagabbildung: Livingston Media/André Fichte, Hamburg
Herstellung/DTP: Sibylle Hartl, Andrea Cobré, München
Druck und Bindung: Presse-Druck, Augsburg

ISBN 3-453-13269-6

Inhaltsverzeichnis

Teil I – Theorie

Teil II – Praxis

Anhang

Teil I
Theorie

Einleitung

Unter den alternativen Heilverfahren hat es in der letzten Zeit nur wenige gegeben, die auf so großes Interesse gestoßen sind wie Aura-Soma. Viele Patienten, die außerhalb der Schulmedizin nach Hilfe suchen, sprechen mich darauf an, fragen nach meinen eigenen Erfahrungen. Dies war für mich der Anlaß, aus meinen Erfahrungen im Umgang mit Aura-Soma eine praktische Hilfe für Interessierte zusammenzustellen.

Wobei wir uns immer wieder auf die Frau besinnen müssen, die uns den Weg zu Aura-Soma wies. Vicky Wall hat uns alles an die Hand gegeben, um uns selbständig zu harmonisieren.

Heilung ist ein Bestandteil der seelischen Reise durch das Leben. Die Kommunikation der Seele mit dem göttlichen Kosmos geschieht auf energetischen Ebenen. Eine Form dieser Energie sind die Farbschwingungen. Die elektromagnetischen Wellen entsprechen dem kosmischen Code, den die ewige Seele versteht und selbst spricht. Die Aura-Soma-Farben ermöglichen einen intuitiven Zugang zu dieser ältesten aller Sprachen.

Viele Kombinationen der Aura-Soma-Öle mit anderen Therapieformen sind möglich.

So soll dieses Buch ein Handwerkszeug sein für die Arbeit in der Praxis oder an sich selbst. An jeder neuen Schwelle der seelischen Entwicklung können die Öle helfen, innerlich klarer zu werden. Der Heilungsprozeß bereits bestehender körperlicher oder seelischer Disharmonien kann mit der Aura-Soma-Therapie durch energetische Harmonisierung unterstützt werden.

Alle Zitate von Vicky Wall sind ihrem Buch »Aura-Soma. Das Wunder der Farbheilung und die Geschichte eines Lebens« entnommen. Wie bei den meisten medialen Menschen sind Vicky Walls Worte klar, ausdrucksstark und von ungeheurer Tiefe. Durch ihren Kontakt zur göttlichen Weisheit tritt uns Vicky Wall als ein bescheidener und suchender Mensch entgegen, welcher die Gnade erfahren hat, Antworten zu erhalten.

Wir verneigen uns in tiefer Ehrfurcht vor ihr und wollen ein wenig dazu beitragen, ihre Erkenntnisse in unser tägliches Leben einfließen zu lassen.

Fourou Turan *Anita Martiny*

Ganzheitliche Heilung von Körper und Seele

In der modernen Schulmedizin wurde vor einiger Zeit der Begriff der Psychosomatik geprägt. Dabei werden die psychischen Ursachen, die zu körperlichen Krankheiten führen können, in die Behandlung mit einbezogen.

Das Aura-Soma-System ist, wie alle ganzheitlichen Heilmethoden, im Ansatz mit der Psychosomatik verwandt. Es wird davon ausgegangen, daß eine körperliche Erkrankung nie isoliert betrachtet werden kann, da es immer seelische Hintergründe bzw. Ursachen gibt. Man spricht dabei von der »Verkörperlichung« oder »Somatisierung« eines seelischen Problems. Der unbearbeitete seelische Konflikt wird verdrängt, landet im Unterbewußtsein und kommt als körperlicher Konflikt, d.h. als Krankheit, wieder zum Vorschein. Das seelische Problem hat auf der körperlichen Ebene nur ein anderes Gewand angelegt, um sich endlich Gehör zu verschaffen.

Diese Sichtweise, den Zusammenhang zwischen seelischem Konflikt und körperlicher Krankheit zu behandeln, ist die Grundlage der ganzheitlichen Medizin. Die meisten sogenannten alternativen Heilmethoden gehen von dieser Basis aus. So beginnt die Behandlung einer körperlichen Krankheit immer mit der Suche nach dem seelischen Problem.

Die zahllosen verschiedenen Therapieformen haben alle ein gemeinsames Ziel: den körperlich und seelisch gesunden Menschen.

Ist ein seelischer Konflikt somatisiert, also als körperliche Krankheit in Erscheinung getreten, ist die akute Behandlung durch einen Facharzt unumgänglich.

Ebenso wie die rein körperliche Behandlung einer Krankheit nicht die seelische Ursache beheben kann, ist das reine Erkennen des Konflikts nicht immer ausreichend, um eine Krankheit zu heilen. In der Ergänzung liegt das Geheimnis des Erfolgs.

Es widerspricht in keiner Weise der Naturheilkunde, sich parallel moderner Schulmedizin zu bedienen. Die meisten alternativen Heilmethoden sehen sich nicht im Konflikt zur Schulmedizin, sondern verstehen sich als Ergänzung, indem sie die Ursachen beheben. Der ehemalige Kompetenzstreit zwischen Ärzten und Heilkundlern ist heute überholt. Viele Ärzte sind zugänglich für alternative Therapien, und die meisten alternativen Therapeuten sehen die Fachärzte als Partner mit dem gemeinsamen Ziel der Heilung des Patienten.

Vielfach melden sich jedoch seelische Konflikte, lange bevor sie in körperliche Krankheiten übergehen, durch allgemeines Unbehagen oder in Mißstimmungen. Diesen seelischen Alarmzeichen wird in der alternativen Heilkunde verstärkte Aufmerksamkeit gewidmet. Die Harmonie und das innere Gleichgewicht können in diesem frühen Stadium leichter wiederhergestellt werden, und eine körperliche Krankheit wird für den Patienten dann quasi »überflüssig«.

In diesem Zusammenhang kann zum Beispiel durch bestimmte Farben die passende Energie in die Körper-Seele-Einheit geleitet werden, um das allgemeine Energieniveau zu erhöhen. Dadurch werden die Erkenntnisfähigkeit und die Selbstheilungskräfte gefördert.

Die Energieströme zwischen Körper und Seele

Über das vegetative Nervensystem werden die unbewußten Funktionen unseres Körpers gesteuert. Störungen innerhalb dieses Ablaufs wirken sich oftmals fatal aus.

Magengeschwüre, Herzrhythmusstörungen, Schlaflosigkeit, Verdauungsprobleme, Durchblutungsstörungen und vieles mehr haben ihre Ursache oft in psychischen Drucksituationen. Diese Anspannungen werden an das Unterbewußtsein übermittelt.

Das Unterbewußtsein nimmt keine Wertung zwischen »gut« oder »schlecht« vor, sondern lediglich eine Wertung zwischen »Ausnahmefall« oder »Änderung des Standardprogramms«. Werden die Anspannungen nicht innerhalb der individuellen Toleranzzeit aufgelöst, kommt es zu folgendem Ablauf:

- Vom Unterbewußtsein gelangt eine Störungsmeldung im Sinne eines Änderungsappells an das vegetative Nervensystem.
- Die Information wird an die Organe weitergereicht.
- Die angesprochenen Organe führen die Störungsmeldung, für sie lediglich ein »Änderungsbefehl«, aus.
- An die Oberfläche des Bewußtseins tritt als Folge das schmerzende, weil erkrankte, Organ.

Den erkrankten Organen können aufgrund ihrer energetischen Veränderungen bestimmte psychische Problemfelder zugeordnet werden, die zeitlich der Erkrankung vorausgehen.

Dies soll nicht bedeuten, daß körperliche Krankheiten nur energetisch behandelt werden sollten. Ist eine Erkrankung erst aufgetreten, muß ein Arzt herangezogen werden. Doch die Ursache kann ermittelt und aufgeklärt werden. Die Erkenntnis führt dann ebenfalls zu einem veränderten

Energiefluß und damit Informationsgehalt, der wiederum einen »Änderungsbefehl«, zurück zur Gesundheit, hervorrufen kann. Dieser Vorgang wird oftmals als Aktivierung der Selbstheilungskräfte beschrieben.

Eine Erkrankung sollte immer körperlich *und* seelisch betrachtet und behandelt werden. Geht man von der Voraussetzung aus, daß der Geist den Körper beherrscht und immer zuerst die Seele erkrankt ist, kann ein verändertes Bewußtsein auch den Körper verändern. Die körperliche Krankheit spiegelt in dieser Sichtweise den Zustand der Seele wider.

Bewußtsein und Unterbewußtsein wirken aufeinander ein, und die Übergänge sind fließend. Der elektro-chemische Informationsfluß im Körper reagiert auf energetische Impulse von innen und von außen.

Die Aura

Der menschliche Körper ist von einem feinstofflichen Körper, der Aura, umgeben. Es handelt sich hierbei um eine Art »Energiemantel«, der den materiellen Körper umgibt. Meßbar sind Licht-, Magnet- und Elektrostrahlen dieses Energiefeldes.

Der Körper braucht Nahrung und Luft zum Überleben, und die Aura Vitalenergie. Es findet ein permanenter Energieaustausch zwischen Körper und Aura statt. Ohne die Existenz von Lebensenergie könnte der physische Körper, trotz Nahrung und Luft, nicht eigenständig überleben.

Die Aura verbindet sich mit dem Körper des Embryos in der Höhe des Sonnengeflechts. Wenn dieser Vorgang stattfindet, spricht man vom »Einzug der Seele in den Körper«. Die inkarnierte (= wiedergeborene) Seele bringt ihre Aura mit. Entsprechend ist nach dem Tod des Körpers keine Aura mehr meßbar, da die Seele den Körper verlassen hat, meist wiederum in der Höhe des Sonnengeflechts.

Das Sonnengeflecht ist also der Ort, wo die Seele in den Körper einzieht und ihn wieder verläßt.

Kosmische Energie fließt in die Aura hinein und wird in den Körper weitergeleitet. Diese Energie - man könnte sie bildlich auch »den Atem Gottes« nennen - hält die Lebensfunktionen aufrecht. Verbrauchte Energie strömt über die Aura zurück in den Kosmos, wo sie erneuert wird.

Ein Energiefeld, genannt Aura, verbindet Seele und Körper. Es findet ein permanenter Energieaustausch statt.

Die Chakren

Die Chakren bezeichnen die Hauptverbindungspunkte zwischen Körper und Aura. Hier tritt neue Lebensenergie in das System Mensch ein, und verbrauchte Energie fließt ab.

Die Chakren sind aber mehr als reine Membranen für den Energieaustausch zwischen Mensch und göttlichem Makrokosmos. Diese Energieschnittpunkte produzieren auch selbst aktiv Energie, sozusagen innerhalb des Menschen als Mikrokosmos.

Die Chakren produzieren jedoch nicht alle dieselbe allgemeine Lebensenergie oder stoßen alle dieselbe Art von verbrauchter Energie ab. Jedem Chakra ist ein spezieller Bereich von Körper und Geist zugeordnet und eine diesem Bereich entsprechende Energie.

Die östlichen Lehren gehen von 7 bis 12 Chakren aus, die sowohl seelisch als auch körperlich bedeutsam sind. Die klassische indische Lehre spricht von 7 Chakren.

Seele und Körper sollten niemals isoliert betrachtet werden, sondern immer als Einheit im Wechselspiel. Wenn ei-

Lage und Bedeutung der Haupt-Chakren

1. Chakra: Basis- oder Wurzel-Chakra (indisch: Muladhara) **Lage**: am Ende des Steißbeins	**Körper:** Ausscheidungsorgane (Anus, Blase, teils Nieren), untere Wirbelsäule, Beine, Füße	**Psyche:** Existenz, Überlebensbedürfnisse, Urvertrauen
2. Chakra: Milz- oder Sakral-Chakra (indisch: Svadhisthana) **Lage**: Unterleib, drei Finger unterm Nabel	**Körper:** Fortpflanzungsorgane inkl. Genitalien, Nebennierenmark und Nebennierenrinde, Milz	**Psyche:** Sexualität, menschliche Beziehungen, Durchsetzungsvermögen
3. Chakra: Sonnengeflecht- oder Nabel-Chakra (indisch: Manipura) **Lage:** Solarplexus, über dem Nabel	**Körper:** unterer Rücken; Verdauung: Nieren, Magen, Leber, Galle, Bauchspeicheldrüse; Nerven, Zwerchfell, Lungen	**Psyche:** Emotionen, Machttrieb, gesellschaftliche Stellung, Gemeinschaftsgefühl, Daseinsfreude, Unterbewußtsein
4. Chakra: Herz-Chakra (indisch: Anahata) **Lage**: zwischen den Brüsten, etwas über dem Herzen	**Körper:** Brustkorb, oberer Rücken, Arme, Thymusdrüse, Blut, Kreislauf	**Psyche:** Mitleid, Liebe, »Herz«, Selbstausdruck
5. Chakra: Hals-Chakra (indisch: Vishuaddha) **Lage**: Vorderseite des Halses, »Jochbeinmulde«	**Körper:** Genick, Schilddrüse, Bronchien, teilweise Lungen, Schlund, Stimmapparat, Kinn	**Psyche:** Gedankenaustausch, Ausdruck von Kreativität (Kunst), spirituelle Öffnung
6. Chakra: Stirn-Chakra (indisch: Ajuna) **Lage**: zwischen den Augenbrauen	**Körper:** Gesicht, linkes Auge, Ohren, Nase, unteres Gehirn	**Psyche:** Sitz des Dritten Auges, Geisteskräfte, höheres Bewußtsein, Bewußtsein höherer Ebenen
7. Chakra: Kronen- oder Scheitel-Chakra (indisch: Sahasrara) **Lage**: in der Mitte der Schädeldecke, wo beim Säugling die Fontanelle ist	**Körper:** höheres Gehirn, rechtes Auge, Hirnanhangdrüse, Zirbeldrüse	**Psyche:** Selbstverwirklichung, Erleuchtung, Spiritualität, Lebensenergie, Lebensfreude als Teil des Kosmos

ne Unausgewogenheit des Energiezustandes in einem Chakra festgestellt wird, dann liegt in diesem Bereich immer ein Unwohlsein bis zur Krankheit vor. Gleichzeitig sind seelische Begleitsymptome von Mattigkeit bis zu schweren psychischen Störungen zu verzeichnen.

Der Mensch als Regenbogen

Einem Sensitiven erschließen sich die Chakren und die gesamte Aura durch farbiges Sehen der Energieströme und/oder durch das Erfühlen mit den Händen.

Durch das »Sehen« der Aura und der Chakren in Farben wird dem Behandler der körperlich-geistige Zustand übermittelt, ebenso wie der Entwicklungsstand der Seele im allgemeinen. Dieses »Sehen« ist nicht das Sehen, welches wir alle kennen, sondern ein erweitertes geistiges Sehen mit dem Dritten Auge und durch die Intuition.

Jedem Chakra ist eine Farbe zugeordnet, die es im harmonischen Zustand ausstrahlt.

Farben der Chakren

1. Chakra	Rot	Existenz, Dasein
2. Chakra	Orange	Selbstdurchsetzung
3. Chakra	Gelb	Gemeinschaft
4. Chakra	Grün	Ego überwinden
5. Chakra	Hellblau	kosmische Öffnung
6. Chakra	Dunkelblau (Indigo)	Weisheit und Liebe
7. Chakra	Violett oder Weiß	Teil des Kosmos

Der harmonische Energiestrom in allen Chakren macht erst die voll entfaltete und in den Kosmos integrierte Persönlichkeit aus. Kein Lebensbereich kann ausgelassen werden, ohne daß das ganze Energiesystem und dadurch der Mensch selbst leidet.

Von wahren Meistern buddhistischer Prägung können die Energieströme der Chakren und der Aura innerhalb des Körpers gelenkt und geleitet werden. Manche von ihnen sollen in der Lage sein, einen durchgehenden Energiefluß vom ersten bis zum siebten Chakra herzustellen. Solch ein Mensch leuchtet für Sensitive wie der gesamte Regenbogen.

Ein vergleichbares Ziel wird mit der Aura-Soma-Behandlung angestrebt.

Dennoch sollte nicht außer acht gelassen werden, daß jedes Individuum innerhalb seiner aktuellen Lernaufgabe bleiben muß. Die Etappenziele sind unterschiedlich und müssen respektiert werden, vom Patienten und vom Behandler. Doch für jeden kann viel Entspannung und Zufriedenheit durch die Behandlung der Chakren erzielt werden.

Mit dem Lageplan der Chakren, der Tabelle über die Chakrenbereiche und der Tabelle über die Farben der Chakren können Sie selbst, auch zusammen mit einem Heilkundigen, an Ihrem Wohlbefinden und Ihrer Gesundheit arbeiten.

Ist eine Störung erkannt, kann heilende kosmische Energie durch Aura-Soma-Substanzen zugeführt werden.

Aura-Soma – Therapie mit Licht und Farben

Die symbolhafte Sprache der Farben kann unterstützend wirken, um die eigene Seele und die Zusammenhänge des Lebens besser zu verstehen. Die Farben sind eine Art Übersetzungshilfe für die unbewußten inneren Zustände. Die kosmische Energie ist Licht. Die Farben fungieren wie ein kosmisches Alphabet.

Vicky Wall lehrte, daß alles im Mikro- wie im Makrokosmos aus Lichtenergien besteht. Alles ist eine Einheit des Lichts, nur in unterschiedlicher Form.

Vicky Wall faßte den gesamten Menschen als Lichtwesen auf. Auch der materielle Körper ist aus Licht. Es handelt sich lediglich um eine festere Form der Lichtwellen. Der Mensch als Lichtwesen ist besonders empfänglich für die Heilenergie des Lichts. Das Aura-Soma-System legt somit einen Grundstein für die Heilung im Neuen Zeitalter.

Vicky Wall hat den harmonischen, voll entfalteten Menschen als Regenbogen in allen Farben erstrahlen sehen. Seine Aura pulsiert mit allen Lichtwellen.

Licht und Farben als Heilkräfte

Das Sonnenlicht umfaßt alle Farben des Lichtspektrums. Daher wirkt das Sonnenlicht umfassend auf den gesamten Menschen, sowohl körperlich als auch seelisch.

Farbiges Licht entspricht jeweils bestimmten Wellenlängen, die spezifische Wirkungen im Wechselspiel von Körper und Seele hervorrufen und daher in der Lage sind, seelische und auch körperliche Zustände zu beeinflussen.

Die Wirkung von Farben auf unseren unbewußten emotionalen Zustand wird in ihrem Stellenwert oft unterschätzt. Farben haben auf unser Unterbewußtsein und das gesamte seelische Gleichgewicht einen entscheidenden Einfluß.

Die gezielte Anwendung von Farben, um die innere Harmonie und das Wohlbefinden wiederherzustellen, ist nicht neu. Es handelt sich um die Wiederentdeckung einer uralten Heilmethode. Bereits in der Antike war die Wirkung des farbigen Lichtes bekannt und wurde zu Heilzwecken verwendet.

Heute hat besonders die Wirtschaftswelt schon länger die Bedeutung von Farben erkannt. Werbeagenturen beschäftigen sich ausgiebig mit der Farbgebung für Verpackungen oder mit der Lichtgestaltung von Werbespots. In Fabriken sind Lichtquellen installiert, die durch ihre Tönung aktivierend auf die Arbeitenden wirken sollen, meist ohne deren Wissen.

In manchen Schulen werden bestimmte Wandfarben als Konzentrationshilfe eingesetzt.

Auch in Krankenhäusern werden Farben gezielt verwendet, vorwiegend Grün, da es einerseits beruhigt und andererseits die Heilung beschleunigt.

Mit farbigem Licht werden im Rahmen alternativer Therapieformen die verschiedenen Energiepunkte des Körpers bestrahlt, um die Seele zu harmonisieren.

In den Aura-Soma-Substanzen sind ebenfalls die verschiedenen Lichtenergien enthalten. Der Unterschied zur Bestrahlung mit farbigem Licht besteht darin, daß bei der Aura-Soma-Therapie die Farbenergie über die Haut aufgenommen und in die tiefsten Winkel des Körpers transportiert wird. Denn die Farben sind an einen materiellen Trägerstoff, die Emulsion der Balance-Flaschen, gebunden. Darin spiegelt sich die Verbindung von Materie und Energie in jedem Lebewesen. Die Aura-Soma-Öle entsprechen somit vollkommen dem irdischen Zustand des Lebens.

Aura-Soma: Hilfe zur Selbsthilfe

Das Aura-Soma-System soll den Menschen dazu dienen, das seelische Gleichgewicht wiederzuerlangen, denn die innere Harmonie ist Grundvoraussetzung, um insgesamt gesund zu bleiben oder wieder gesund zu werden. Es kann von jedem angewandt und ausprobiert werden.

- Menschen, die sehr aufmerksam mit sich umgehen und auch kleineren Unausgewogenheiten auf den Grund gehen, finden in den Aura-Soma-Substanzen ein sehr effektives Hilfsmittel. Dieses Handbuch gibt einen praktischen Leitfaden, um die Farbensprache der Seele verstehen zu lernen und sie übersetzen zu können.
- Obwohl die Anwendungsgebiete der einzelnen Farbkombinationen allgemein gültig sind, ist die jeweilige Bedeutung und Wirkung für den einzelnen Menschen stets individuell. Jede Seele hat ihr spezielles Lernprogramm und damit verbundene individuelle Lernschritte. Störungen der inneren Harmonie zeigen sich in seelischen und körperlichen Bereichen, aber eben immer bezogen auf den jeweiligen individuellen seelischen Entwicklungsstand. Vor diesem Hintergrund wird deutlich, warum täglich neue Wirkungen der einzelnen Aura-Soma-Substanzen entdeckt werden.
- Die praktische Erfahrung lehrt, daß gerade seelische Konflikte, die ein Patient verdrängt, d. h. nicht bearbeiten möchte, Unwohlsein oder sogar schwere Krankheiten verursachen. In den meisten Fällen ist daher die Beratung durch einen Heilkundigen und/oder Aura-Soma-Therapeuten sinnvoll. Denn es handelt sich ja gerade um die Bereiche, die der Patient zur Zeit *nicht*

wahrnehmen will oder kann. Die Aufgabe eines Therapeuten ist es, diese Problembereiche bewußt zu machen, die der Patient allein gern meiden würde. Nur durch das bewußte Integrieren der Konfliktgebiete kann eine Somatisierung vermieden werden.

- Bei der Selbstbehandlung mit Aura-Soma-Ölen kann sich ein seelisches Konfliktfeld ins Bewußtsein drängen. Falls man keinen Heilkundigen aufsuchen möchte, können Gespräche mit guten Freunden oder das Führen eines Tagebuchs hilfreich sein.
- Auf keinen Fall können Aura-Soma-Öle schaden. Ähnlich wie bei der Bach-Blütentherapie tritt bei Anwendung des aktuell nicht angezeigten Mittels einfach keine Wirkung ein.
- Vergleichbar mit der Wirkungsweise von homöopathischen Mitteln kann die Wahl des zur Zeit richtigen Öls eine Erstreaktion im Sinne einer Verstärkung des seelischen Konfliktes bewirken. Dies zeigt die Dringlichkeit der Bearbeitung des auftretenden Problemfeldes an. Denn erst ein gewisser Leidensdruck zwingt den Menschen in die Veränderung, heraus aus dem Leid. Die Verstärkung des Konflikts drängt quasi zu dessen Lösung.

Zusammenfassung: Aura-Soma ist ein Hilfsmittel zur seelischen Selbsterkenntnis, zur individuellen Aktivierung der Selbstheilungskräfte und zur Harmonisierung von Körper und Seele.

Das Ziel jeder Anwendung ist stets die Rückgewinnung der inneren Harmonie. Innere oder äußere Disharmonie sollte jedoch nicht als bloßer »Störfall« gesehen werden, sondern vielmehr als positiver Anreiz zur seelischen Weiterentwicklung. Jede seelische und/oder körperliche Störung ist der Beginn einer weiteren Etappe auf dem Lern- und Lebensweg der Seele.

Was bedeutet Aura-Soma?

Die Begründerin des Aura-Soma-Heilsystems, Vicky Wall, erhielt sowohl den Namen für dieses System als auch dessen Bedeutung während einer Meditation.

> **»Aura kommt aus dem Altgriechischen und steht für Aurora, die Göttin der Morgenröte. Soma heißt im Griechischen Wesen und im Sanskrit lebendige Energien. Aura-Soma bedeutet also: das Licht, in lebendige Energien manifestiert.«**
>
> **Vicky Wall**

Durch ihre mediale Veranlagung wurden Vicky Wall Zusammenhänge der kosmischen Weisheit offenbar, ohne daß sie selbst über besonders umfangreiche Bildung verfügte.

Der Begriff Aura-Soma zeigt eine charakteristische Eigenart aller von Medien empfangenen zentralen Aussagen. Medial empfangene Aussagen sind stets mehrschichtig. Mit scheinbar einfachen Begriffen oder Formulierungen werden mehrere Wahrheiten zusammengefaßt. Die komplexen Bedeutungsebenen eines Begriffs oder einer Aussage erschließen die Zusammenhänge umfassend.

Umgekehrt läßt sich, quasi als »Beweis«, eine medial empfangene Aussage geradezu daran erkennen, daß sie nicht nur eine isolierte Bedeutung beinhaltet. Diese Eigenschaft medialer Aussagen läßt sich am Begriff »Aura-Soma« besonders deutlich zeigen.

Daher bedeutet es keinen Widerspruch, die von Vicky Wall empfangene Erklärung des Begriffs Aura-Soma zu ergänzen. Kosmische Wahrheiten sind immer dynamisch. Die verschiedenen Bedeutungsebenen werden für den einzelnen entsprechend der eigenen Entwicklung sichtbar.

Die folgenden Inhalte sind im Aura-Soma-Begriff entdeckt worden. Neue Aspekte werden sich mit Sicherheit bei der weiterführenden Anwendung der Öle ergeben.

- Die am weitesten verbreitete Interpretation des Aura-Soma-Begriffs ist die **Verbindung von Körper und Geist**. Die Aura ist der feinstoffliche Energiekörper, welcher den einzelnen Menschen umgibt. Das griechische Wort »Soma« bedeutet Körper. Durch die Verbindung der Begriffe Aura und Soma wird der ganzheitliche Mensch beschrieben, als Seele-Körper-Einheit.
- Vicky Wall erhielt den Hinweis auf »**Aurora**«, die römische Göttin der Morgenröte. Die aufgehende Sonne symbolisiert den Beginn allen Lichts. Das Sonnenlicht beinhaltet alle Wellenlängen des farbigen Lichts, welches sich direkt im Lichtfeld der menschlichen Aura widerspiegelt. Vicky Walls Erklärung des Wortes Soma als »Wesen« oder »lebendige Energien« verweist auf die Seele als ein gebündeltes Energiefeld. Dieses Energiefeld strahlt farbiges Licht aus und kann Licht empfangen. Der ewige Energieaustausch zwischen Seele und Kosmos ist göttlichen Ursprungs. Zusammenfassend kann die Vicky Wall gegebene Definition übersetzt werden als: **Die Wechselwirkung der farbigen Lichtenergien der Seele mit dem göttlichen Licht.**
- Das Polarlicht wird ebenfalls Aurora genannt. Polarlichter entstehen als Wechselwirkung zwischen der Sonnenstrahlung und dem Magnetfeld der Erde. Durch die Reaktion der Sonnen- und Erdenergie miteinander entsteht ein weißes Leuchten. Ein exakt vergleichbarer Prozeß führt zur menschlichen Erleuchtung. Das Zusammenwirken von seelischer und göttlicher Energie, die Öffnung der Seele für den kosmischen Energieaustausch, bringt Erleuchtung.
- Die Verwandtschaft des Wortes Aura zur Aureole, dem Heiligenschein, ist ebenfalls nicht zufällig, sondern ein Hinweis auf das weiße heil(ig)e Licht der Erleuchtung. Alle Wellenlängen des Farbspektrums zusammen ergeben weißes Licht. Ist der Mensch »ganz«, also heil(ig),

verbinden sich alle Farben des Universums in und um ihn herum.

- Der farbige Hof um Sonne und Mond wird ebenfalls Aureole genannt. Durch die Lichtbrechung erscheinen hier alle Farben, wie beim Regenbogen. Es findet die Auffächerung des einheitlichen weißen Lichts in seine farbigen Bestandteile statt. Die Aureole ist ein Symbol der Vereinigung der Widersprüche. Die Einheit (= weißes Licht) und die Vielheit (= das Spektrum aller Farben) sind Polaritäten und doch dasselbe. Der Aura-Soma-Begriff verleiht auch diesem Zusammenhang Ausdruck. Die scheinbare Gegensätzlichkeit von Seele und Körper, Aura und Soma, verbindet sich zur Einheit Mensch, in welcher diese beiden Seiten letztlich nur unterschiedliche Erscheinungsformen desselben Ursprungs sind.

Der Ursprung von Aura-Soma: Vicky Wall

Vicky Wall wurde als siebtes Kind eines ebenfalls siebten Kindes in London geboren. Ihr Vater war Anhänger der Chassidim, einer jüdischen Sekte, die sich mit Mysterien, Symbolen und kabbalistischer Zahlenlehre beschäftigt. Da diese aus Osteuropa stammende religiöse Richtung den offiziellen Würdenträgern nicht immer angenehm war, wurde das Wissen meist geheim weitergereicht.

Die Liebe zu ihrem Vater begleitete Vicky Wall ihr ganzes Leben lang.

In einem der wenigen Momente, die sie mit ihrem Vater allein teilen konnte, erzählte sie ihm von ihrer Fähigkeit, die Aura zu sehen. In der Schule war Vicky von den anderen Kindern ausgelacht worden, als sie von den Farben um sie herum sprach. Mr. Wall verfügte ebenfalls über diese Fähigkeit. Er ermahnte seine Tochter, nicht zu anderen Menschen darüber zu sprechen, bis die Zeit dafür gekommen sei.

Durch den frühen Tod der Mutter veränderte sich das Leben der Kinder grundlegend. Vickys Vater heiratete bald darauf eine strenge, neidische und engstirnige Frau, die alles Leben aus dem Haus verbannte. Vickys Geschwister, alle älter als sie, verließen so schnell wie möglich das Haus. Der Vater griff nicht in diese Entwicklung ein.

Während ihrer Schulzeit gelangen dem Kind Vicky einige unbeabsichtigte Spontanheilungen. Ihre Heilkräfte erschreckten sie allerdings mehr als alles andere. Ihrem Vater wagte sie sich nicht anzuvertrauen, da er von seiner Frau abgeschirmt wurde. Mit 16 Jahren floh auch Vicky aus der erstickenden Enge des stiefmütterlichen Regimes. Sie sah ihren geliebten Vater nie wieder.

Die Lehrjahre

West Drayton wurde Vickys zweite Heimat. Der kleine Ort hatte eine »moderne« und eine »altmodische« Apotheke. Der Verkauf von chemischen Fertigprodukten war dem alten Apotheker Edward Horsley ein Greuel. Bald gehörte die junge Vicky zu seiner Stammkundschaft.

In dieser Apotheke erweiterte Vicky Wall ihr Wissen. Von ihrem Vater hatte sie eine Begeisterung für Heilkräuter und Pharmazie geerbt. Sie wurde Horsleys Angestellte und arbeitete dort, bis der Apotheker einige Jahre später verstarb.

Vicky konnte die Apotheke nicht übernehmen und erlernte die Fußpflege. Ihre selbst entwickelten Lotionen und Cremes wurden sehr geschätzt.

Krankheiten als Wegbereiter

Vicky Wall baute sich zusammen mit ihrer Freundin Margaret eine gut gehende eigene Fußpflege-Praxis auf. Ihre Diabetes hinderte sie nicht daran, fast rund um die Uhr zu arbeiten. Mit tiefem Gottvertrauen bestritt sie ihr Leben.

Als Folge eines Schlaganfalls mußte sich Vicky Wall schließlich aus dem Arbeitsleben zurückziehen. Doch sie haderte nicht mit dem Schicksal, sondern stellte sich auf einen neuen Lebensabschnitt ein. Die Wendepunkte in ihrem Leben nannte sie immer einen »göttlichen Schubs«.

Während der Genesung erblindete die Sechzigjährige. Ein Umzug wurde erforderlich. Vicky und Margaret wurden um ihre Ersparnisse betrogen. Der verdiente Ruhestand wurde damit hinfällig.

Um einen Freund auf einer Wohltätigkeitsveranstaltung zu unterstützen, wollte Vicky Wall einige ihrer altbewährten Lotionen herstellen. Doch dazu kam es nicht. In der Nacht vor der Veranstaltung wurden Vicky, wie sie es ausdrückte, die »Hände geführt«. Es entstanden die ersten Balance-Substanzen.

Obwohl sie blind war, konnte Vicky die Farben dieser Energieträger »sehen«. Es war derselbe Vorgang wie beim Sehen der Aura. Diese Fähigkeit hatte sich im Laufe ihres Lebens verstärkt. Sie konnte die Menschen an ihrer Aura erkennen.

Die Geburtsstunde der Aura-Soma-Substanzen war der Beginn ihrer seelischen Lebensaufgabe.

Aura-Soma wird Vicky Walls Lebensinhalt

Die Wirkungen der Substanzen erfuhr Vicky Wall meist aus den begeisterten Berichten der Kunden. Für einige Substanzen erhielt sie auch Anwendungsanweisungen als Durchgaben während ihrer Meditationen.

Aura-Soma ist als dynamisches System konzipiert. Immer mehr Menschen begeisterten sich für die Öle und fanden weitere Wirkungen.

Vicky Wall stellte das stets wachsende Aura-Soma-Programm auf Ausstellungen vor und gewann in kürzester Zeit viele Anhänger. Der Gewinn ermöglichte ihr den Kauf eines großen Hauses, Dev Aura, das zum Herstellungs- und Schulungszentrum wurde.

Obwohl die Substanzen ursprünglich für jeden unmittelbar, ohne Anweisung, anwendbar sein sollten, entschloß sich Vicky Wall, Seminare zu geben, um den Wiederverkäufern einen fundierten Hintergrund zu vermitteln.

Beim Aufbau des Aura-Soma-Zentrums stand ihr Michael Booth zur Seite. Er führt noch heute Vicky Walls Arbeit fort. Vicky Wall starb 1992.

Die Geheimnisse

Die von Vicky Wall empfangenen Rezepturen für alle Aura-Soma-Substanzen sind, bis auf die Grundstoffe wie Wasser und Öl, geheim. Michael Booth hütet das Geheimnis der Herstellung, um keine unkontrollierbare Produktion der Substanzen aufkommen zu lassen. Die hellsichtige Vicky Wall hatte angekündigt, daß die Rezepturen eines Tages öffentlich gemacht werden würden.

Bis zu ihrem Tod hatte Vicky Wall die Zusammensetzung von 92 verschiedenen Balance-Ölen erhalten. Ihr wurde gesagt, daß es noch weitere Kombinationen geben würde. Die endgültige Anzahl der Balance-Substanzen läge über 100.

Das System der Pomander und Quintessenzen sowie die Meister-Öle waren dagegen in sich abgeschlossen.

Aura-Soma und andere Therapien

Aura-Soma ist mit allen anderen Therapieformen kombinierbar. Ob Sie bei einem Arzt in Behandlung sind oder bei einem Heilpraktiker, immer können Sie die Aura-Soma-Substanzen zusätzlich anwenden. Auf jeden Fall sollten Sie aber Ihrem Behandler mitteilen, daß Sie Aura-Soma-Substanzen verwenden.

Es gibt bereits zahlreiche Therapeuten, welche die Aura-Soma-Substanzen mit anderen Heilmethoden verbinden. Ideal ist es natürlich, wenn Ihr Heilpraktiker gleichzeitig mit dem Aura-Soma-System vertraut ist. Sollte dies nicht der Fall sein, können Sie sich an die mittlerweile zahlreichen Aura-Soma-Berater wenden. Das Aura-Soma-Zentrum kann Ihnen Adressen in Ihrer Nähe nennen.

Selbstverständlich kann man auch eigenständig mit den Aura-Soma-Substanzen arbeiten. In der Regel hilft aber eine einführende Beratung, um die Unsicherheit gegenüber der neuen Methode zu überwinden.

So wirkt Aura-Soma in Verbindung mit anderen Therapien:

- **Massagen** werden durch Aura-Soma-Öle oftmals noch effektvoller. Neben der energetischen Wirkung sind die Balance-Öle auch hervorragende Hautpflegemittel.
- Bei der **Hypnosetherapie** angewandt kann das richtige Balance-Öl die Entspannung noch vertiefen.
- In der **Homöopathie** ist die zusätzliche Anwendung von Aura-Soma-Mitteln meist unproblematisch. Allerdings sollten Sie die Kombination unbedingt mit Ihrem Heilpraktiker besprechen. Einige homöopathische Mittel sind selbst Träger starker feinstofflicher Energien und sollten in manchen Fällen vorzugsweise allein angewandt werden.

- Für **Rückführungen** in vergangene Inkarnationen können die Aura-Soma-Substanzen sehr hilfreich sein, indem sie die Kanäle öffnen.
- Falls Sie in ständiger **medikamentöser Behandlung** bei einem Arzt sind, können Sie Aura-Soma ebenfalls anwenden. In der Regel ist es sinnvoll, dies Ihrem Arzt mitzuteilen.
- **Psychotherapien** können durch Aura-Soma-Substanzen unterstützt werden. Besprechen Sie diese Möglichkeit mit Ihrem Therapeuten.
- **Bachblüten** und Aura-Soma-Öle können interessante neue Kombinationsmöglichkeiten ergeben. In manchen Büchern sind bestimmte Kombinationen von Bachblüten und Balance-Ölen aufgeführt. Dies kann dienlich sein, um neue Erfahrungen zu machen. Es läßt sich jedoch erfahrungsgemäß nicht starr festlegen, welche Kombination *allgemein* zusammen benutzt werden sollte. Jeder Mensch ist verschieden, und es ist am besten, die Zusammenstellung in jedem Fall neu zu bedenken.

Sie sollten allerdings keine der oben beschriebenen oder andere Therapien durch Aura-Soma ersetzen! Bleiben Sie bei Ihrer Behandlung und verwenden Sie Aura-Soma zusätzlich.

Wenn Sie keine Beschwerden haben und das Aura-Soma-System einfach ausprobieren möchten, dann steht Ihnen nichts im Wege. Lassen Sie sich von Ihrer Intuition leiten!

Teil II
Praxis

Die Aura-Soma-Substanzen

Im Aura-Soma-System sind die heilenden Energien von Farben, Kräutern, Mineralien und Edelsteinen vereint. Die Wirkungsweisen der heilenden Kräuter sind seit Jahren (wieder) bekannt. Ebenso erfreuen sich Farb- oder Edelsteintherapien zunehmender Beliebtheit.

Das Hauptmerkmal der Aura-Soma-Therapie ist, daß diese Heilkräfte kombiniert werden. Viele Heilkundige arbeiten z.B. mit Farb-, Kräuter- und Edelsteinenergien, jedoch getrennt voneinander oder nacheinander. Die abgestimmte Kombination dieser Heilenergien in den einzelnen Mitteln zeichnet das Aura-Soma-System aus.

- Da die Substanzen direkt körperlich aufgetragen werden, kann erstmals die Farbenergie über einen stofflichen Träger in den Körper eindringen.
- Die Edelsteinenergien werden durch kabbalistische Gebetsformeln in die Flaschen übertragen.
- Die Pflanzen, Blüten und Kräuter werden am Höhepunkt ihrer Blütezeit geerntet und in Wasser gelegt, welches in die Sonne gestellt wird. Das Verfahren ist in diesem Punkt vergleichbar mit der Herstellung von Bachblüten.
- Ätherische Öle sind ein weiterer Bestandteil der Mittel.

Die Einteilung

Die Aura-Soma-Substanzen werden in drei Hauptgruppen unterteilt:

- die **Balance-Flaschen**,
- die **Pomander**,
- die **Meister-Quintessenzen**.

Es handelt sich um eine Einteilung in unterschiedliche Energieebenen. Auch wenn die Ebenen ineinander übergehen und aufeinander einwirken, können doch drei energetische Wirkbereiche unterschieden werden:

- Die **Balance-Flaschen** wirken auf der Ebene des Unterbewußtseins. Die Energie entspricht den Übergangsstellen von Körper und Seele. Die Verknüpfungspunkte sind die Chakren.
- Die **Pomander** korrespondieren mit der feinstofflichen Energie der Aura-Ebene.
- Die **Quintessenzen** verfügen über höhere Energien, welche die Verknüpfung der Seele mit dem ewig Göttlichen widerspiegeln. Ebenso wie die Chakren Verknüpfungspunkte von Seele und Körper sind, gibt es vergleichbare Verknüpfungspunkte zwischen Seele und Kosmos.

Um den optimalen energetischen Zustand aller Substanzen zu erhalten, sollten Sie die Aura-Soma-Produkte nicht direkter Sonnenbestrahlung aussetzen. Es könnte die Energien verändern.

Die Reihenfolge der Anwendung

Wenn Sie anfangen möchten, mit Aura-Soma-Substanzen zu arbeiten, sollten Sie folgende Reihenfolge einhalten:

1. Balance-Öle,
2. Pomander,
3. Quintessenzen.

Zuerst wählen Sie immer ein Set von vier Balance-Flaschen aus. Anschließend können Sie auch mit Pomandern und Quintessenzen arbeiten oder die zusätzlichen Aura-Soma-Produkte ausprobieren.

Die meditative Ausrichtung

Während der Anwendung von Aura-Soma-Substanzen sollten Sie versuchen, locker und entspannt zu sein.

- Schieben Sie störende Gedanken beiseite und gönnen Sie sich diese kleine Unterbrechung des Alltags. Es ist Ihre persönliche »Auszeit«.
- Hören Sie auf Ihre Intuition und lassen Sie Ihren positiven Energien freien Lauf.
- Nehmen Sie teil am kosmischen Energiekreislauf und spüren Sie die ungeahnten Kraftreserven.

Am Ende der Energiebehandlung und Kurzentspannung bedanken Sie sich dafür, Teil des unendlichen Energiekreislaufes sein zu dürfen. Die Gestaltung des Gebetes bleibt Ihnen überlassen. Wenn es Ihnen gefällt, können Sie ein bekanntes Gebet wählen. Viele Menschen schreiben sich Ihr kleines Dankgebet selbst. Sie können natürlich auch je nach Stimmung beten. Dem Dank an den Schöpfer sind keine Grenzen oder Formen gesetzt.

Wichtige Hinweise zur Anwendung

Bevor Sie Aura-Soma-Produkte anwenden, soll folgendes zu bedenken gegeben werden:

- Die Aura-Soma-Produkte ersetzen nicht eine gründliche Untersuchung durch einen Arzt.
- Die Substanzen sollen helfen, die seelische Ursache von Krankheiten oder Unwohlsein in sich selbst zu erkennen. Die Substanzen sind dementsprechend als ein Hilfsmittel zum besseren Selbstverständnis und zur Erlangung von innerer Ausgeglichenheit gedacht.
- Entwicklungen, die jemand machen möchte, können lediglich unterstützt werden. Den aktiven Willen muß jeder für sich haben und einsetzen. Keine Substanz auf dieser Welt kann echte innere Erkenntnis oder die Reifung der Seele bewirken, wenn sich der Mensch passiv verhält.

- Wenn sich ein Mensch innerlich auf den Weg macht, gibt es zahlreiche Hilfsmittel. Der Unterschied zwischen den angebotenen Mitteln ist vergleichbar mit dem Unterschied zwischen verschiedenen Schuhen. Für eine Person ist ein bestimmtes Schuhwerk besser als ein anderes. Für einen anderen ist das gleiche Schuhwerk vielleicht unbequem. Doch gehen müssen alle selbst. Die richtigen Schuhe können den Weg nur leichter machen.

Die Balance-Flaschen

Diese Substanzen sind wohl die bekanntesten Vertreter der Aura-Soma-Familie. Die bunten, farbenprächtigen Flaschen mit den zwei übereinander liegenden Schichten sind das Kernstück der Aura-Soma-Therapie.

Die untere Hälfte einer Flasche besteht aus gereinigtem Wasser, in welchem die speziellen Ingredienzen, meist Kräuter und Mineralien, gelöst sind.

Im oberen Teil einer Balance-Flasche sind in neutralem Pflanzenöl, meist Distelöl, die zugehörigen ätherischen Öle aufgehoben.

Durch das Schütteln der Flasche vermischen sich die beiden Schichten kurzfristig und können in diesem Zustand als Emulsion auf die Haut aufgetragen werden.

Die Auswahl der Balance-Flaschen

Die Auswahl der persönlichen Balance-Flaschen sollte mit der Intuition erfolgen, mit den Augen des »inneren Kindes« und mit Unbefangenheit.

- Betrachten Sie die Flaschen mit Ruhe und Gelassenheit. Wenn es möglich ist, sollte der Verstand dabei zur Seite geschoben werden.
- Sie können vorher eine Entspannungsübung oder eine Meditation machen, wenn Sie sich dadurch lockerer fühlen.
- Es geht nicht darum, besonders schöne, modische oder scheinbar »hochwertige« Farbflaschen zu wählen.
- Die Balance-Öle sollten so lange betrachtet werden, bis sich eine Flasche, quasi von selbst, in den Vordergrund drängt.

- Die weiteren Flaschen können dann folgen.
- Notieren Sie sich unbedingt die Reihenfolge, in welcher die Flaschen Ihre Aufmerksamkeit auf sich ziehen.
- Es sollen nacheinander **vier Flaschen** gewählt werden.

Der Weg der Intuition ist der beste und kommt meist direkt aus dem Inneren. Es kann jedoch auch sein, daß Ihre Intuition blockiert ist und Sie auf diese Weise keine Auswahl treffen können oder wollen. Ein erfahrener Aura-Soma-Berater oder ein kundiger Heilpraktiker können Ihnen hier weiterhelfen.

Die Bedeutung der ausgewählten Flaschen

Alle vier Flaschen können auf die körperliche, emotionale, mentale und spirituelle Ebene einwirken.

Die erste Flasche: die »Seelenflasche«

Die zuerst gewählte Flasche hat eine besondere Bedeutung.

- Die untere Flüssigkeitsschicht entspricht dem »Seelenstrahl«. In fast allen Fällen entspricht die Farbe der unteren Flaschenhälfte der Farbe der »wahren« Aura des Anwenders. Diese »wahre« Aura ist quasi der Kern unserer Seele und hat eine bestimmte Farbenergie. Die »wahre« Aura sitzt etwas über dem Bauchnabel und liegt, wie ein kleiner Ball, halb im Körper, halb außerhalb. In dieser Farbe ist die Information über unsere **Lebensaufgabe** enthalten.
- Die obere Flüssigkeitsschicht entspricht dem »Persönlichkeitsstrahl«. Diese Farbe gibt uns Auskunft über die Art, wie wir die Aufgabenbereiche des jetzigen Lebens verwirklichen wollen, die Art unserer **Lebensführung**.

Hier ist auch die mitgebrachte Erfahrung aus vergangenen Inkarnationen enthalten.

Die Lebensaufgabe und die Art der Lebensführung hat die jeweilige Seele vor ihrer Inkarnation gewählt.

Die zweite Flasche: Schwierigkeiten und Blockaden

Die Farben der zweiten Flasche zeigen Ihnen die Hindernisse, welche Sie davon abhalten, sich voll und ganz Ihrer Lebensaufgabe zu widmen und die jetzige Persönlichkeit auszuleben.

- Die Blockaden können jeweils auf allen vier Ebenen bestehen, der körperlichen, emotionalen, mentalen und spirituellen.
- Häufig enthält diese Flasche eine Farbkombination, die »zufällig« genau ein Chakra repräsentiert, in dessen Bereich Ihr Leiden fällt.
- Bei den Schwierigkeiten und Blockaden kann es sich um Konditionierungen aus der Kindheit handeln oder auch um noch ältere, immer wiederkehrende Verhaltensweisen.

Die zweite Flasche hilft festgefahrene Muster aufzulösen, damit wir bestimmte Verhaltensweisen nicht wie auf einer Schallplatte wiederholen müssen. Sie ist die Flasche der Befreiung.

Die dritte Flasche: Jetzt-Zustand

Hier spiegelt sich Ihre Gegenwart wieder, mit allen alltäglichen Gewohnheiten und Problemen. Ebenso läßt sich der Entwicklungsstand Ihrer Seele insgesamt an diesen Farbenergien ablesen.

- Auch hier sind alle vier Ebenen des Daseins repräsentiert.
- Die dritte Flasche kann sich entsprechend Ihrem Entwicklungstempo oft verändern. Sie ist der aktuelle Begleiter.

Falls eine gegenwärtige Situation sehr bestimmend für Ihr Leben ist und kaum Platz für etwas anderes läßt, kann unter Umständen auch mit dieser Flasche begonnen werden. Fragen Sie dazu am besten einen Kundigen.

Die vierte Flasche: Zukunft

Die vierte Flasche ist quasi das Resultat der vorherigen drei Flaschen. Haben Sie mit Flasche 2 Ihre grundsätzlichen Blockaden abgebaut und mit Flasche 3 Ihre Gegenwart bereinigt, kann die vierte Flasche zeigen, wohin Ihr Weg führen könnte.

- Es ist eine energetische Prognose oder Hochrechnung. Wenn Sie in der jetzigen Form voranschreiten, würden Sie diesen Energiezustand auf allen vier Ebenen erreichen.
- Es liegt auf der Hand, daß sich auch die Wahl der vierten Flasche ändern kann. Gesetzt den Fall, daß Sie sich länger und intensiver mit Ihrem Inneren und Ihrem höheren Selbst beschäftigen, kann die »Zukunft« anders aussehen.

Wenn Sie einen Behandlungszyklus abschließen, ist die vierte Flasche quasi der Wegbereiter für die nächste Entwicklungsstufe.

Hilfen bei der Auswahl

Bei vielen Menschen ist der Verstand zu stark. Aus Hilflosigkeit wird dann manchmal die seit Jahren festgelegte »Lieblingsfarbe« genommen, ohne auf die anderen Farben zu achten. Manche Menschen können sich angesichts der Vielfalt auch einfach nicht entscheiden. Der Alltagsstreß kann ebenfalls seinen Teil dazu betragen, daß die Intuition nicht zu uns spricht.

Es gibt also viele Gründe, warum der intuitive Zugang blockiert sein kann. Mit verschiedenen Hilfsmitteln können diese Situationen gemeistert werden. Hier werden einige Vorschläge gemacht, wie Sie doch zu »Ihren« Flaschen kommen können.

Das Register benutzen

Wenn Sie eine bestimmte Störung Ihres Wohlbefindens haben, schauen Sie in das Register der Balance-Flaschen. Dort finden Sie geeignete Flaschen für zahlreiche körperliche und seelische Störungen aufgeführt.

- Beschränken Sie sich zunächst auf die gravierendste Störung Ihrer inneren Harmonie.
- Sind unter Ihrem Stichwort mehrere Flaschen angegeben, lesen Sie die Texte dazu. Vermutlich wird eine Substanz am besten passend sein.
- Falls Sie sich immer noch nicht entscheiden können, sehen Sie sich die entsprechenden Flaschen an. Vielleicht zieht eine von ihnen Sie stark an.
- Wenn immer noch kein Funke überspringt, könnten Sie jetzt auch unter dem Stichwort »Unterscheidungsprobleme« nachschauen. Möglicherweise ist dort ebenfalls eine Flasche Ihres ersten Stichwortes angegeben. Nun haben Sie eine gute »Schnittmenge« gefunden.

Das Register kann auch für alle akuten Störungen herangezogen werden, falls Sie sich entschlossen haben sollten, intensiv mit den Aura-Soma-Substanzen zu arbeiten.

Intuitive Systeme

Manche Menschen können über **die Tarot-Karten** einen Zugang zu den Aura-Soma-Substanzen finden.

- Legen Sie sich die Karten oder lassen sie sich legen.
- Fassen Sie die Themen in Stichworte zusammen.
- Diese Stichwort vergleichen Sie mit dem Register und suchen sich so »Ihre« Öle heraus.

Ebenso können Sie mit dem **I Ging** verfahren, oder Sie nehmen das Pendel zu Hilfe.

Falls Sie das **kabbalistische Zahlensystem** beherrschen, können Sie auch so »Ihre« Flaschen errechnen. Ihr Geburtsdatum, Ihr Name oder ein wichtiges bevorstehendes Datum können als Ausgangspunkt dienen.

Meditationen eröffnen oftmals auf erstaunliche Weise die »richtigen« Flaschen.

Sie können auch beim Lesen dieses Buches gelegentlich die Augen schließen. Es ist nicht ungewöhnlich, daß dann eine Flasche vor Ihrem inneren Auge auftaucht. Suchen Sie die entsprechende Flasche heraus und notieren Sie sie als »Flasche Nr. 1«. Wenn Sie nach einiger Zeit wieder die Augen schließen, tauchen vielleicht auch die nächsten Flaschen noch auf diese Weise auf.

Weitere Methoden, welche Ihre Intuition fördern, können Sie ebenfalls ausprobieren. Lassen Sie Ihrem Einfallsreichtum freien Lauf!

Farbenergieübung

Da es nur wenigen Menschen gegeben ist, die Aura- und Chakrenenergien zu sehen, kann die folgende Atem- und Farbmeditation eine Hilfe bei der Arbeit mit den Aura-Soma-Substanzen sein. Besonders, wenn Sie allein arbeiten wollen und sich in Ihrer intuitiven Auswahl blockiert fühlen, kann diese Übung den Anfang erleichtern.

1. Legen Sie sich in Rückenlage flach auf den Boden. Eine Nackenrolle oder ein kleines zusammengerolltes Kissen wird in das Genick gelegt, um eine entspannte Haltung der Wirbelsäule zu unterstützen. Die Arme sollen locker vom Körper entfernt liegen, ohne diesen an den Seiten zu berühren. Die Beine sind leicht gespreizt und berühren sich ebenfalls nicht. Die Handflächen sind zum Boden gedreht und die Füße leicht nach außen. Die Augen sind geschlossen.

2. Sagen Sie Ihrem Unterbewußtsein:
   - »Ich bin ruhig und entspannt.«
   - »Meine Arme sind ganz schwer.«
   - »Meine Beine sind ganz schwer.«
   - »Ich atme ruhig und regelmäßig.«

   Diese Sätze wiederholen Sie so lange, bis Sie entspannt sind, Ihr Körper warm und schwer ist. Falls Sie an dieser Stelle der Übung einschlafen sollten, schlafen Sie! Sie werden erholt erwachen. Nach einiger Zeit des Übens werden Sie die Schläfrigkeit von selbst überwinden.
3. Stellen Sie sich nun mit Ihrem inneren Auge (die Augen bleiben geschlossen!) die Sonne bzw. helles Licht vor und atmen Sie dieses Licht durch Ihr Sonnengeflecht ein. Stellen Sie sich vor, Sie holen durch Ihr Sonnengeflecht Luft, und diese Luft ist das hellgelbe Sonnenlicht. Beim Ausatmen öffnen Sie den Mund ein wenig und hauchen den Luftstrom sanft aus.

   Denken Sie dabei an die Entspannung! Atmen Sie nach wie vor ruhig und regelmäßig. Nach dem vollständigen Ausatmen machen Sie eine kleine Pause von 1–2 Sekunden.

   Nehmen Sie an dieser Stelle aufmerksam zur Kenntnis, welche Farbe Ihr ausgeatmeter Atem vor Ihrem inneren Auge annimmt.
4. Nach einer Weile werden Sie fühlen, daß Sie genug Licht »getankt« haben. Bedanken Sie sich innerlich für die Ihnen gespendete Energie.

   Ballen Sie die Fäuste, bevor Sie die Augen wieder aufmachen. Diese Anspannung in den Händen wird Sie zurück in die Wirklichkeit bringen.

   Nun öffnen Sie die Augen und räkeln sich ein wenig, bis der ganze Körper wach ist. Setzen Sie sich auf und verweilen Sie so einen Moment, bevor Sie ganz aufstehen. Nun sollten Sie frisch, ruhig und voller Energie sein.

Das visualisierte eingeatmete Sonnenlicht ist nichts anderes als die göttliche Energie. Die Lebensenergie des Kosmos, die allem Leben den Lebensfunken gibt, ist Teil von Ihnen geworden. Sie haben sich an den kosmischen Energiekreislauf angeschlossen.
Nachdem Sie die Übung beendet haben, schreiben Sie den Farbeindruck der ausgeatmeten Energie mit Datum versehen auf.

Handelt es sich um eine der Chakra-Farben, dann schlagen Sie in der Chakren-Tabelle (Seite 17) nach und lesen dort, welcher Lebensbereich sich jetzt Aufmerksamkeit verschaffen will. Denken Sie über diesen Bereich nach und versuchen Sie mögliche Probleme zu erkennen.

Nur Sie können entscheiden, ob dieser Lebensbereich bei Ihnen zu kurz kommt (Energiemangel) oder ob er überbetont ist (Energieüberschuß). Wenn Sie intensiver mit dieser Information arbeiten möchten, können Sie folgendes tun:

Energiemangel: Sie haben für sich festgestellt, daß die ausgeatmete Farbe einen Energiemangel in dem der Farbe entsprechenden Chakra anzeigt.

Kümmern Sie sich verstärkt um diesen Lebensbereich. Zur Unterstützung können Sie das Chakra mit der entsprechenden Balance-Flasche (aus dem Chakra-Set, vgl. Seite 54) behandeln.

Beispiel: Sie haben Grün ausgeatmet. Anhand der Chakren-Tabelle sehen Sie, daß es sich um den Lebensbereich des Miteinanders handelt. Sie bemerken, daß Sie sich in letzter Zeit kaum um andere Menschen gekümmert haben, es Ihnen z.B. lästig war, anderen überhaupt zuzuhören. Ihr Mitgefühl ist unterentwickelt. Fragen Sie sich, warum. Nachdem Sie Ihr Herz-Chakra mit der grünen Balance-Flasche behandelt haben, bemerken Sie vielleicht, daß Sie wieder mit echtem Interesse auf andere Menschen zugehen können. Zugleich bemerken Sie, daß auch Sie sich besser mitteilen können, ohne eine vorgegaukelte Rolle zu spielen. Fazit: Sie sind einen großen Schritt weitergekommen!

Energieüberschuß: In vielen Fällen zeigt die Farbe des visualisierten Atems jedoch eher eine Energiekonzentration an, was ebenfalls ein Ungleichgewicht bedeutet.

Wenn die ausgeatmete Farbe bei Ihnen einen Energieüberschuß in dem der Farbe entsprechenden Chakra zeigt, suchen Sie die dazugehörige Komplementärfarbe heraus (vgl. Tabelle Seite 46).

Die Komplementärfarbe Ihrer ausgeatmeten Farbe repräsentiert in diesem Fall das Chakra, in welchem der eigentliche Energiemangel besteht. Dieses Chakra können Sie nun mit der ihm entsprechenden Farbe behandeln. In diesem Fall sollten Sie über die Themenbereiche der *beiden* Farben nachdenken.

Beispiel: Sie haben Grün ausgeatmet. Wenn es sich dabei um einen Energieüberschuß handelt, sorgen Sie sich im Übermaß um Ihre Mitmenschen. Überall, wo Hilfe gebraucht wird, sind Sie zur Stelle, unabhängig davon, was Sie selbst gerade tun wollten. Schauen Sie nun in die Tabelle. Anhand der Komplementärfarbe erkennen Sie, daß Ihr eigener Rotbereich (Wurzelchakra) unterversorgt ist. Vielleicht haben Sie Ihre Hilfsbereitschaft so weit übertrieben, daß Sie Ihre eigene Existenzgrundlage aufs Spiel gesetzt haben. Oder Sie neigen dazu, Ihre eigenen lebenswichtigen Belange außer acht zu lassen, damit es nur den anderen gut geht. Versuchen Sie sich das unausgewogene Energieverhältnis von Grün und Rot und die damit verbundene Problematik bewußt zu machen. Behandeln Sie Ihr Wurzelchakra mit dem rothaltigen Balance-

Öl, zu dem Sie sich am meisten hingezogen fühlen. Vielleicht gelingt es Ihnen dann, auch mal »Nein« zu sagen. Die Last der Welt liegt nicht ausschließlich auf Ihren Schultern. Sie müssen nicht immer der Gebende sein. Ein gesundes Verhältnis von Geben und Nehmen könnte das Resultat Ihrer Chakra-Behandlung sein. Ein weiteres Ergebnis Ihrer persönlichen Farbbehandlung könnte sein, daß Sie echte Nassauer aus Ihrem Leben streichen.

Komplementärfarben

Rot	Grün
Rosa	Türkis
Orange	Violett/Lila
Gelb	Dunkelblau
Grün	Rot
Hellblau	Hellgelb
Dunkelblau	Gelb
Violett/Lila	Orange

Wenn Sie die Atemübung regelmäßig anwenden, kann es sein, daß sich die Farbe der ausgeatmeten Energie verändert. Dementsprechend hat sich auch etwas in Ihrem gesamten Energiesystem geändert. Sie machen Fortschritte!

Die neue ausgeatmete Farbe analysieren Sie genauso wie die vorherige. Sie wissen nun, daß die ausgeatmete Farbe einen außerordentlich wichtigen Hinweis über Ihre Chakrenenergien enthält.

Mit dieser sanften Methode der Energieharmonisierung können Sie Ihre Blockaden abbauen und Ihre Lebensaufgabe entdecken. Die Energiearbeit ergibt oft positive Veränderungen, die in Erstaunen versetzen.

Ein harmonisches inneres Gleichgewicht der Energien strahlt auch in die Umgebung ab. Viele Menschen berichten, daß ihr Umfeld anders reagiert, seit sie mit Farbenergien arbeiten.

Die positive, harmonische Energie, die Sie ausstrahlen, summiert sich mit der positiven Energie anderer Menschen. So trägt jeder seinen Teil dazu bei, daß die Erde ein harmonischer Ort wird.

Die Anwendung der Balance-Flaschen

Die Anwendung sollte in der Regel mit der zweiten Flasche begonnen werden. Denn zunächst ist es sinnvoll, alle Blockaden abzubauen.

Die Arbeit an der Erkenntnis der Lebensaufgabe kann danach folgen, falls nicht noch Blockaden aus der Vergangenheit vorhanden sind. Diese Reihenfolge ist nicht zwingend, hat sich aber bewährt.

Die Reaktion auf die Seelenflasche könnte bei sofortigem Gebrauch sehr stark ausfallen. Wenn Sie sich jedoch unwiderstehlich zu Ihrer ersten Flasche hingezogen fühlen und keine andere benutzen wollen, versuchen Sie es.

Die Auswahl der vier Flaschen legt Sie nicht ein Leben lang auf ausschließlich diese Kombination fest. Sie können nach einiger Zeit der Anwendung auch andere Aura-Soma-Substanzen benutzen, die für akute Zustände passender sind. Ebenso kann es geschehen, daß Sie im Lauf der Zeit eine andere »Lieblingsflasche« entdecken.

Versuchen Sie Ihre Vorlieben nicht mit dem Verstand zu kontrollieren. Ihr höheres Selbst kennt sich mit kosmischen Energien besser aus!

Es spricht also nichts dagegen, verschiedene Substanzen zu probieren. Doch sollten Sie möglichst mit der Auswahl der vier ersten Flaschen beginnen.

Der Umgang mit den Balance-Flaschen

So gehen Sie mit den ausgewählten Balance-Flaschen um:

- Die Flasche wird in die linke Hand genommen. Schrauben Sie mit der rechten Hand den Verschluß ab.
- Der Mittelfinger der linken Hand verschließt die Flaschenöffnung. Der Ringfinger und der Zeigefinger liegen jeweils auf den Flächen neben dem Flaschenhals.
- Der Daumen der linken Hand greift unter die Flasche und stützt so den Flaschenboden.
- Der kleine Finger wird abgespreizt, wie beim eleganten Teetrinken, und dient als Antenne nach oben.
- Mit diesem festen Griff halten Sie die Flasche vor Ihren Körper, in der Höhe zwischen Schlüsselbein und Brustbein.
- Vor dieser Hals- und Herzregion schütteln Sie die Flasche kräftig durch, damit sich das Wasser mit dem Öl zu einer Emulsion verbindet.

Durch diesen speziellen Griff und Schüttelvorgang verbinden sich Ihre persönlichen Energien mit denen der Flasche. Deshalb sollte auch niemand anderes diese Flasche anfassen oder verwenden. Es ist nun Ihre persönliche Flasche geworden.

- Nun geben Sie etwas von der Emulsion in Ihre rechte Hand und verreiben Sie die Substanz zwischen Ihren Handflächen.
- Die Emulsion wird nun auf das entsprechende Energiezentrum aufgetragen, und zwar rund um den Körper, wie ein breites Band.
- Außer auf das spezielle Chakra kann die Emulsion auch auf schmerzende oder sonstige betroffene Körperstellen aufgetragen werden. Lassen Sie sich von Ihrer In-

tuition leiten. Überall, wo Sie das Empfinden haben, daß es angebracht ist, kann Ihr persönliches Öl aufgetragen werden.

- Eine Ausnahme sind die Balance-Flaschen, die Rot enthalten. Sie dürfen nur in der Region unterhalb des Bauchnabels aufgetragen werden.

Wenn Sie unsicher sind, halten Sie sich zunächst an die jeweils angegebenen Chakren in den Beschreibungen der Balance-Flaschen. Nach einiger Zeit werden Sie sicher lockerer im Umgang mit Ihrer Flasche und werden auch andere Stellen ausprobieren wollen.

Die Balance-Öle werden am besten morgens und abends nach dem Duschen angewandt. Falls Sie zwischendurch das dringende Bedürfnis nach einer weiteren Anwendung haben, tun Sie es!

Die geschüttelten Bilder

Durch das Vermischen der beiden Schichten in den Balance-Flaschen entstehen »geschüttelte Bilder". Vicky Wall hat diesen Bildern eine Bedeutung in bezug auf die aktuellen Blockaden oder zentralen Probleme des Anwenders beigemessen.

Heute ist die Interpretation dieser »geschüttelten Bilder« fast gänzlich aus der Aura-Soma-Praxis verschwunden. Häufig wird dies damit begründet, daß die Interpretation manche Patienten beunruhigen bzw. eine falsche Interpretation Verwirrung stiften könnte.

Doch jeder Anwender hat die Wahl, die »geschüttelten Bilder« zu beachten oder nicht. Wie das ganze Aura-Soma-System selbst können die Figuren als Spiegel zur Selbsterkenntnis genutzt werden. Da die Interpretation von vielen Selbstanwendern ohnehin praktiziert wird, sollen die von Vicky Wall erwähnten Auslegungen zur Orientierung nicht vorenthalten werden:

»Die Bedeutung der »geschüttelten Bilder«

Bläschenpyramiden in oberer linker Hälfte	Verbindung zum alten Ägypten
Bläschenpyramide in oberer rechter Hälfte	Suche nach (alter) Weisheit
Gerade, senkrechte Streifen in oberer Hälfte	»Emporstreben der Seele zu höheren Ebenen«
Streifen in oberer Hälfte mit »Spinnweben«	Karma, vergangene Kämpfe, Unglücklichsein
Einzelne Blasen auf der Mittellinie	Evtl. Unentschlossenheit, Trennungen, Zerrissenheit
Fransige Wolken auf der ganzen Mittellinie	Zeit der Entscheidung«, »Weggabelung«
Wolken in unterer Hälfte	Geistiges, körperliches oder mentales Problem
Gekrümmter Bogen aus der oberen Hälfte zur Mittellinie	Möglicherweise: Störung im Brustkorb
Blasen oder Linien am Flaschenhals	Beschwerden im Kopf-, Hals-, Mundbereich; Kommunikationsprobleme
Strukturen, die an der Mittellinie haften und nach unten zeigen	»Erinnerungen an frühere Leben steigen ins Bewußtsein; Zeitregression«
Ansammlung von Blasen mit Rändern bis nach unten	»Karmische Situationen aus der Vergangenheit, Tumulte«
Spinnweben in oberer und unterer Hälfte	Wiederkehrende vergangene Muster, evtl. Alpträume
Untere Farbe fließt in obere Flaschenhälfte	Ungelöste Probleme der Vergangenheit tauchen in der Gegenwart auf
Aufwurf der unteren Farbe auf der Mittellinie ins obere Feld	Blockaden; vergangene Enttäuschungen, die geheilt werden wollen

Streifen oder Blasen von Mittellinie bis Flaschenboden	Der Einfluß der Vergangenheit auf die Gegenwart
Fünfecke	»Zeitreisender, Weltraumbewohner, Heiler, Weiser«
Von der Mittellinie nach unten gewölbte Bögen	Gestörter Energiefluß; Ende zeigt betroffene Körperstelle
Ovale Form quer zur Mittellinie in der Flaschenmitte	Kann Schwangerschaft anzeigen; teils hat die ovale Blase selbst noch einen Einschluß (= Fötus)
Wenn Kopf der Fötusform nach unten zeigt	»Ankunft einer alten, besonderen Seele«
Wolken in unterer Hälfte mit spinnwebartigen Verbindungen untereinander	Karmische Gewalt, Aggressionen

Anführungszeichen markieren wörtliche Zitate von Vicky Wall

Diese Interpretationen gab Vicky Wall als Beispiele aus ihrem Erfahrungsschatz. Wenn jemand neue, eigene oder andere Interpretationen wagen möchte, steht dem nichts im Wege. Als Faustregel sollte in Gedanken bleiben:

- Die Balance-Flasche symbolisiert den menschlichen Körperaufbau. Die Position einer evtl. betroffenen Körperstelle kann an dem Ort der Strukturbildung in der Flasche abgelesen werden.
- Die obere Hälfte symbolisiert die Gegenwart und der Flaschenhals möglicherweise einen Zukunftsaspekt.
- Die untere Flaschenhälfte bezieht sich auf die Vergangenheit. Es können auch vergangene Leben und evtl. daraus resultierende karmische Verstrickungen angedeutet sein.
- Ebenso kann die obere Hälfte für das Bewußtsein und die untere Hälfte für das Unterbewußtsein stehen.

Vicky Wall kommentierte diese groben Richtlinien der Interpretation so: »Den Rest überlasse ich der Höheren Führung in Euch und der Gottheit.«

Energetische Reinigung der Flaschen

Falls Sie das Gefühl haben, daß Ihre Aura-Soma-Flaschen trübe sind oder irgendwelchen negativen Energien ausgesetzt waren, können Sie die Substanzen reinigen. In der Regel sind es die Balance-Flaschen, die hin und wieder gereinigt werden sollten. Die Pomander und Quintessenzen brauchen dagegen keine Reinigung.

Eine Reinigung ist in folgenden Fällen angebracht:

- Es kann geschehen, daß jemand unabsichtlich eine Ihrer persönlichen Balance-Flaschen in die Hand nimmt und dadurch die Energien verändert. Solche Zwischenfälle können durch Reinigung ungeschehen gemacht werden.
- Wenn in dem Raum, in dem Ihre Flaschen stehen, viel Besuch war, kann eine energetische Reinigung angezeigt sein.
- Manche Anwender reinigen die neu gekauften Flaschen vor der ersten Benutzung, um sicher zu sein, daß auf dem Transportweg keine fremden Energien gebunden wurden.

Welche Methode der Reinigung Ihnen besser zusagt, müssen Sie selbst entscheiden. Die Methode kann auch jeweils von Fall zu Fall, nach Intuition, gewählt werden.

Methode 1: Serapis Bey – schnelle Reinigung

Die Quintessenz Serapis Bey hat die stärksten Reinigungskräfte. Die betroffene Balance-Flasche wird sorgfältig mit der Essenz abgerieben. Die Reinigung mit dieser Quintessenz ist die schnellste Methode und daher für die Arbeit in der Praxis sehr empfehlenswert. Falls eine andere Person Ihre Balance-Flasche schüttelt, Sie aber dieses Öl im Anschluß benutzen wollen und für die längeren Reinigungsmethoden keine Zeit haben, kann Serapis Bey gute Dienste tun.

Methode 2: Amethystdruse – Reinigung über Nacht
Stellen Sie die Balance-Flasche in eine Amethystdruse. Nach 12 Stunden, also über Nacht, ist die Substanz von allen fremden Energien befreit.

Methode 3: Meersalz – langsam, aber gründlich
Die Reinigung mit Meersalz dauert 36 Stunden. Die betreffende Flasche wird in einer Schale in das Salz hineingestellt.

Die Reinigung mit Meersalz ist sehr effektiv. Zum Beispiel können auch Patienten, die einem starken negativen Energiefeld ausgesetzt sind, mit Meersalz abgerieben werden. Nach dieser Vorreinigung können die zur Behandlung auszuwählenden Flaschen nicht energetisch verunreinigt werden.

Die Wirkung der Balance-Flaschen

Die Balance-Flaschen sind die Hauptgruppe der Aura-Soma-Substanzen. Jede dieser Öl-Wasser-Kombinationen symbolisiert die Seele-Körper-Einheit in verschiedenen energetischen Zuständen. Vicky Wall betrachtete den Flaschenaufbau an sich als Symbol des Körpers und der Psyche.

Körperlicher Symbolismus:

- Die trennende Mittellinie steht für die Taille.
- Der obere Flaschenteil steht für den Oberkörper mit den Armen und dem Flaschenhals als Hals.
- Die untere Hälfte der Flasche spiegelt den Unterbauch mit den Beinen wider.

Psychischer Symbolismus:

- Die obere Ebene einer Flasche gibt das Bewußtsein wieder, mit den Gedanken, den Gefühlen und dem Verstand.
- Die linke obere Seite beinhaltet die Intuition und das Mitgefühl.
- Die rechte obere Seite zeigt den analytischen Verstand.
- Auf der seelischen Ebene bildet die Mittellinie die »Essenz oder Lebenslinie«, wie Vicky Wall es ausdrückte.
- Die untere Hälfte symbolisiert den Bereich des Unterbewußtseins.

Die beim Schütteln auftretenden Blasenbildungen können mit dieser symbolischen Aufteilung interpretiert werden (vgl.»Die geschüttelten Bilder«, Seite 50).

Der praktische Umgang mit den Aura-Soma-Flaschen ist auf Seite 56 – 116 beschrieben.

Die Wirkung der Mittel erstreckt sich auf den körperlichen und seelischen Bereich. Im folgenden werden die bisher erhältlichen 95 Flaschen systematisch im Hinblick auf Anwendungs- und Wirkungsbereich beschrieben.

Beachten Sie, daß beim Stichwort »Anwendung« zuerst jeweils die der Farbkombination entsprechenden Chakren genannt werden. Dann folgt ein Hinweis, wo die Substanz vorrangig aufgetragen werden kann. Allerdings kann bei konkreten Beschwerden fast jede intuitiv ausgewählte Flasche für den betroffenen Körperteil verwendet werden.

Besonderheiten

Für manche Flaschen gelten zusätzliche Besonderheiten:

Chakra-Set: Dies sind die Balance-Flaschen, die als Basisprogramm, quasi als Grundausrüstung, am effektivsten auf die einzelnen Chakren wirken. Falls eine auf den Chakren basierende Anwendung gewünscht ist, kann dieses Set (das von Vicky Wall selbst ausgewählt wurde) herangezogen werden. Behandelt man die Chakren nacheinander mit den Chakra-Flaschen, wird ein erstes Gleichgewicht, eine Harmonisierung erzielt. Es handelt sich um die Flaschen Nr. 1, 2, 3, 4, 5 und 26 (vgl. Farbtafeln).

Kinder-Set: Diese Flaschen sind besonders gut zur Behandlung von Kindern geeignet, aber Kinder können sich auch zu anderen Balance-Flaschen hingezogen fühlen. Zur unterstützenden Behandlung von körperlichen Erscheinungen bei Kindern sollten jedoch möglichst Flaschen aus dem Kinder-Set verwendet werden. Bei Erwachsenen zeigt die Wahl einer Flasche aus dem sogenannten Kinder-Set an, daß sich das »innere Kind« meldet und zur Kenntnis genommen werden möchte. Es handelt sich um die Flaschen Nr. 11, 12, 13, 14, 15, zusätzlich auch noch Nr. 55, 77 und 86.

Meister-Set: Diese Flaschen haben dieselben Namen wie die Flaschen der Meister-Quintessenzen, doch es handelt sich dabei um verschiedene Energie-Ebenen. Die Energie der Meister umfaßt alle Ebenen des menschlichen Spektrums. Die höheren Ebenen, die den Austausch zwischen höherem Selbst und Universum betreffen, werden durch die Quintessenzen angesprochen. Die mehr im körperlich-seelischen Bereich gebundenen Energien des Menschen werden durch die Balance-Flaschen erreicht. Es handelt sich dabei um die Flaschen Nr. 50 bis 64.

Wichtiger Hinweis
Die folgenden Aura-Soma-Substanzen können unterstützend bei körperlichen Krankheiten und seelischem Leiden angewandt werden. Sie ersetzen nicht den Arztbesuch! Sind erst körperliche Krankheiten aufgetreten, müssen diese auch körperlich behandelt werden. Die Anwendung der Substanzen soll lediglich helfen, den seelischen Hintergrund der Disharmonien zu erkennen und dadurch die Selbstheilungskräfte zu aktivieren.

Flasche Nr. 0: Spirituelle Notflasche
Farben: Königsblau über Tiefmagenta

Anwendung: Wo kann die Substanz aufgetragen werden?
Kronenchakra; auf dem gesamten Haaransatz und um die Ohren herum; auf jede Körperregion, die akute Schmerzen oder Verwundungen aufweist.
Körperliche Symptome: Disharmonien des Körpers
Kopfschmerzen, Migräne, Nervosität, Schlaflosigkeit, starke Wehen, ernste Verletzungen und Entzündungen.
Seelische Symptome: Disharmonien der Psyche
Verzweiflung, spirituelle Probleme, Selbstzweifel, Selbsttäuschung, Trauer, schwere Bedrücktheit.
Wirkung: Zielzustand nach der Behandlung
Erhöhte Inspiration und innere Kraft, Lebensfreude, Selbstannahme, Öffnung auf der spirituellen Ebene, Neubeginn, Gottvertrauen.

Flasche Nr. 1: Körperliche Notflasche
Farben: Blau über Tiefmagenta (Chakra-Set)

Anwendung: Wo kann die Substanz aufgetragen werden?
Kronen- und Stirnchakra; Kopf, Haaransatz, Ohren, Hals, alle akut schmerzenden Körperregionen.
Körperliche Symptome: Disharmonien des Körpers
Entzündungen, Verbrennungen, Wunden, Abschürfungen, Durchfall, Blasenentzündungen, Ischias, Bronchitis, Rückenschmerzen, Schwäche des Immunsystems, Bluthochdruck.
Seelische Symptome: Disharmonien der Psyche
Überreizung, Überaktivität, Gefühle der Isolation, Sinnkrise, Integrationsschwierigkeiten, Festhalten an überlebten Grundsätzen.

Wirkung: Zielzustand nach der Behandlung
Entspannung, Konzentrationsfähigkeit, Analysefähigkeit, Erkennen des persönlichen Lebenssinns, Steigerung der inneren Kräfte.

Flasche Nr. 2: Friedensflasche
Farben: Blau über Blau (Chakra-Set)

Anwendung: Wo kann die Substanz aufgetragen werden?
Halschakra; Hals, Schlüsselbein, Nacken und Haaransatz im Nacken, Unterkiefer.
Körperliche Symptome: Disharmonien des Körpers
Infektionen, Funktionsstörungen der Schilddrüse (Über- und Unteraktivität), Drüsenprobleme, Störungen im Hormonhaushalt, Zahnen bei Kindern.
Seelische Symptome: Disharmonien der Psyche
Streß, Sprach- und Konzentrationsprobleme, Angst vor Unbekanntem, Schwangerschaftsängste.
Wirkung: Zielzustand nach der Behandlung
Entspannung, Beruhigung, Ausgeglichenheit, verbesserte Intuition, innerer Frieden, gute sprachliche Ausdrucksfähigkeit, Kreativität.

Flasche Nr. 3: Herzflasche
Farben: Blau über Grün (Chakra-Set)

Anwendung: Wo kann die Substanz aufgetragen werden?
Herzchakra; gesamter Brustraum, Brustbein, Rippen vorn und hinten.
Körperliche Symptome: Disharmonien des Körpers
Herzkrankheiten, Herzbeschwerden, Angina pectoris, Asthma, Bronchitis, Hautausschlag im Brustbereich.

Seelische Symptome: Disharmonien der Psyche
Exogene Depressionen, emotionale Schwierigkeiten, Probleme, seinen Gefühlen Ausdruck zu verleihen.
Wirkung: Zielzustand nach der Behandlung
Kommunikation von Herz zu Herz, Mitgefühl, Ausdruck von Gefühlen, Kreativität.

Flasche Nr. 4: Sonnenflasche
Farben: Gelb über Gold (Chakra-Set)

Anwendung: Wo kann die Substanz aufgetragen werden?
Nabelchakra; im Bereich des Solarplexus um den Körper herum (Bauch und Rücken).
Körperliche Symptome: Disharmonien des Körpers
Rheuma, Arthritis, Diabetes, Blähungen, Verstopfung, Wechseljahrsbeschwerden, Störungen des Nervensystems.
Seelische Symptome: Disharmonien der Psyche
Phobien, Utopismus, Angst, Freudlosigkeit, autoritäres Verhalten.
Wirkung: Zielzustand nach der Behandlung
Freude, Vertrauen, innere Sicherheit, Fröhlichkeit, Fähigkeit, Vorstellungen umzusetzen, verstärkte Wahrnehmungs- und Organisationsfähigkeit.

Flasche Nr. 5: Sonnenaufgangs-/Sonnenuntergangsflasche
Farben: Gelb über Rot (Chakra-Set)

Anwendung: Wo kann die Substanz aufgetragen werden?
Wurzelchakra; Unterbauchbereich, rund herum.
Körperliche Symptome: Disharmonien des Körpers
Menstruationsbeschwerden, Gebärmutterprobleme, Frigidität, Impotenz, Unfruchtbarkeit, sexuelle Probleme, Dia-

betes, Darm-, Blasen-, Nierenleiden, Schmerzen im unteren Rückenbereich.

Seelische Symptome: Disharmonien der Psyche
Unsicherheit, wenig Selbstvertrauen, unterdrückte Wut, Existenzängste, Lampenfieber, Beziehungsschwierigkeiten.

Wirkung: Zielzustand nach der Behandlung
Dynamik, Lebensfreude, Zufriedenheit, Energie, Charisma, Unterscheidungsfähigkeit, Beziehungsfähigkeit.

Flasche Nr. 6: Energieflasche
Farben: Rot über Rot

Anwendung: Wo kann die Substanz aufgetragen werden?
Wurzelchakra; unterer Rumpf, von den Hüften abwärts, Beine, Fußsohlen.

Körperliche Symptome: Disharmonien des Körpers
Lähmungen, Muskelkrämpfe, Frigidität, Impotenz, Rekonvaleszenz nach Operationen.

Seelische Symptome: Disharmonien der Psyche
Materialismus, Selbstsucht, Narzißmus, Verantwortungslosigkeit, Frustration, Faulheit, Energielosigkeit.

Wirkung: Zielzustand nach der Behandlung
Mut, Dynamik, Energie, Lebenslust, Liebesfähigkeit, Opferbereitschaft, Charisma, Erfüllung im seelischen und materiellen Bereich.

Flasche Nr. 7: Der Garten von Gethsemane
Farben: Gelb über Grün

Anwendung: Wo kann die Substanz aufgetragen werden?
Herz- und Nabelchakra; im gesamten Rumpfbereich zwischen Herz und Bauchnabel (Bauch und Rücken).

Körperliche Symptome: Disharmonien des Körpers
Krämpfe, Verstopfung, Diabetes, Störungen im Nervensystem, Funktionsstörungen der Thymusdrüse, Herzrhythmusstörungen, Herzprobleme.
Seelische Symptome: Disharmonien der Psyche
Egozentrik, Selbstbetrug, Platzangst, Eifersucht, Neid, Glaubenskrisen.
Wirkung: Zielzustand nach der Behandlung
Innere Weisheit und Wissen, Entscheidungsfreudigkeit, Glauben, Vertrauen, Sicherheit, den eigenen Weg zu sehen.

Flasche Nr. 8: Anubis
Farben: Gelb über Blau

Anwendung: Wo kann die Substanz aufgetragen werden?
Hals-, Herz- und Nabelchakra; gesamter Rumpf (Bauch und Rücken).
Körperliche Symptome: Disharmonien des Körpers
Leberprobleme, erhöhter Adrenalinspiegel, Wechseljahrsbeschwerden, Verstopfung.
Seelische Symptome: Disharmonien der Psyche
Kopflastigkeit, Entscheidungsprobleme, Vorurteile, autoritäres Verhalten, Nervosität, Schuldgefühle.
Wirkung: Zielzustand nach der Behandlung
Organisationstalent, Toleranz, Akzeptanz, gute Gegenwartsbezogenheit, Erkenntnis der Unendlichkeit.

Flasche Nr. 9: Das Herz im Herzen
Farben: Türkis über Grün

Anwendung: Wo kann die Substanz aufgetragen werden?
Herzchakra; gesamter Brustbereich, Lungenbereich auf dem Rücken.

Körperliche Symptome: Disharmonien des Körpers
Beschwerden im Brustbereich, Asthma, Bronchitis, Funktionsstörungen der Thymusdrüse, Herzbeschwerden.
Seelische Symptome: Disharmonien der Psyche
Selbstbetrug, Lügen, Eifersucht, Einsamkeit.
Wirkung: Zielzustand nach der Behandlung
Erkenntnisfähigkeit, Wahrheitsliebe, Verbindung zur inneren Stimme, Selbstvertrauen, Zugang zu den schönen Künsten und zur Philosophie.

Flasche Nr. 10: Geh und umarme einen Baum
Farben: Grün über Grün

Anwendung: Wo kann die Substanz aufgetragen werden?
Herzchakra; gesamter Brust- und Lungenbereich.
Körperliche Symptome: Disharmonien des Körpers
Verspannungen, Müdigkeit, Rekonvaleszenz nach Operationen, Kreislauf- und Herzbeschwerden, Gewebeprobleme, Zellwachstumsstörungen.
Seelische Symptome: Disharmonien der Psyche
Fehlende Gegenwartsbezogenheit, fehlende Naturverbundenheit.
Wirkung: Zielzustand nach der Behandlung
Entscheidungsfähigkeit, Harmonie, Fähigkeit, zuzuhören, inneres Wachstum, Naturverbundenheit, Kreativität, Karmabewußtsein, Zentrierung, Öffnung des Entwicklungsraums.

Flasche Nr. 11: Essener Flasche
Farben: Klar über Rosa (Kinder-Set)

Anwendung: Wo kann die Substanz aufgetragen werden?
Hals-, Herz- und Wurzelchakra; Unterbauch, Hüften, (unterer) Rücken, Halsbereich, ganzer Körper nach Bedarf.

Körperliche Symptome: Disharmonien des Körpers
Störungen im Hormonsystem, Menstruationsbeschwerden, sexuelle Probleme, Rückenprobleme (unterer Rücken), Ohrenbeschwerden (bei Kindern); reinigend, entgiftend.
Seelische Symptome: Disharmonien der Psyche
Hoffnungslosigkeit, Eitelkeit, Überheblichkeit, Versagersyndrom, Enttäuschungen, Selbstzweifel, Aggressionen.
Wirkung: Zielzustand nach der Behandlung
Mitgefühl, Wärme, Liebe, Selbstliebe, Freundlichkeit, Entfaltung der Heilkräfte, Fähigkeit, andere zu lehren, Öffnung zu höheren Ebenen, Klarheit.

Flasche Nr. 12: Friede in der neuen Zeit
Farben: Klar über Blau (Kinder-Set)

Anwendung: Wo kann die Substanz aufgetragen werden?
Halschakra; gesamter Halsbereich.
Körperliche Symptome: Disharmonien des Körpers
Halsschmerzen, Funktionsstörungen der Schilddrüse, Süchte.
Seelische Symptome: Disharmonien der Psyche
Egozentrik, Unselbständigkeit, emotionale Probleme, Sprachprobleme. »Suchthelfer".
Wirkung: Zielzustand nach der Behandlung
Zielstrebigkeit, Instinktsicherheit, Emotionalität, Verbindung zur höheren Führung, Visionen.

Flasche Nr. 13: Veränderung in der neuen Zeit
Farben: Klar über Grün (Kinder-Set)

Anwendung: Wo kann die Substanz aufgetragen werden?
Herzchakra; gesamter Herzbereich (auch auf dem Rücken), alle schmerzenden Stellen.

Körperliche Symptome: Disharmonien des Körpers
Asthma (besonders bei Kindern), Bronchitis, Ekzeme (besonders bei Kindern), Rückenschmerzen (mittlerer Rücken).
Seelische Symptome: Disharmonien der Psyche
Emotionale Probleme, fehlende Naturverbundenheit, Unentschlossenheit, Selbstvorwürfe.
Wirkung: Zielzustand nach der Behandlung
Neubeginn, starke Persönlichkeit, Naturverbundenheit, Neugierde, gute Gegenwartsbezogenheit, Wahrnehmungsfähigkeiten, Selbstvergebung, Ordnung im Gefühlsleben, Wandlungsfähigkeit.

Flasche Nr. 14: Weisheit des neuen Zeitalters
Farben: Klar über Gold (Kinder-Set)

Anwendung: Wo kann die Substanz aufgetragen werden?
Nabelchakra; im Solarplexusbereich.
Körperliche Symptome: Disharmonien des Körpers
Leberleiden, Diabetes (besonders bei Kindern), erhöhter Adrenalinspiegel, Störungen im vegetativen Nervensystem.
Seelische Symptome: Disharmonien der Psyche
Unbewußte Ängste, Gefühle von Chaos.
Wirkung: Zielzustand nach der Behandlung
Weisheit, Ausgeglichenheit, Freude, Naturverbundenheit, Denkfähigkeit, Lernfähigkeit, Kontakt zum eigenen Schutzengel, Zentriertheit.

Flasche Nr. 15: Heilung im neuen Zeitalter
Farben: Klar über Violett (Kinder-Set)

Anwendung: Wo kann die Substanz aufgetragen werden?
Kronenchakra; gesamter Kopfbereich, Haaransatz.

Körperliche Symptome: Disharmonien des Körpers
Kopf- und Halsschmerzen, Wehen.
Seelische Symptome: Disharmonien der Psyche
Überaktivität, Sprachprobleme, Stottern, unbewußte Ängste, Süchte, Illusionen, Konzentrationsprobleme, Selbstzweifel, Lobsucht, negative Egozentrik (»nur mir passiert Schlechtes«), emotionale Probleme, Ängste.
Wirkung: Zielzustand nach der Behandlung
Klares Urteilsvermögen, Spiritualität, (Selbst-)Liebe, Wahrheitsfindung, Zugang zu Heilkräften, Ganzheit.

Flasche Nr. 16: Das violette Gewand
Farben: Violett über Violett

Anwendung: Wo kann die Substanz aufgetragen werden?
Kronenchakra; Kopfbereich, Haaransatz.
Körperliche Symptome: Disharmonien des Körpers
Akute Schmerzen, Schlaflosigkeit, Migräne, Entzündungen, Störungen im vegetativen Nervensystem, Schock.
Seelische Symptome: Disharmonien der Psyche
Selbstzerstörerisches oder autoritäres Verhalten, Selbstvorwürfe, Schulangst, Trauer, Trennungsprobleme, Weltschmerz, Schock.
Wirkung: Zielzustand nach der Behandlung
Spiritualität, Hingabefähigkeit, Erleuchtung, Transformation, Zugang zu Heilkräften, Verbundenheit mit dem Göttlichen, Erkennen des eigenen Lebensplans und des höheren Selbst.

Flasche Nr. 17: Troubadourflasche
Farben: Grün über Violett

Anwendung: Wo kann die Substanz aufgetragen werden?
Hals- und Herzchakra; Brust- und Halsbereich, Haaransatz.

Körperliche Symptome: Disharmonien des Körpers
Funktionsstörungen der Schilddrüse, Kreislaufbeschwerden, Beschwerden im Brustbereich, Schulterleiden.
Seelische Symptome: Disharmonien der Psyche
Selbstzweifel, Selbstmitleid, Hoffnungslosigkeit, Vertrauensmangel, Lebensunlust, sich unverstanden fühlen, Trauer, Trennungsprobleme, Kommunikationsprobleme.
Wirkung: Zielzustand nach der Behandlung
Hoffnung, Vertrauen, Spiritualität, Zugang zu den Mysterien, Fähigkeit, zuzuhören, Verständnis, Streben nach Wahrheit, Freiheit, Mut, Integrationsfähigkeit, Hellsichtigkeit, Kontakt zum höheren Selbst, erweiterter Horizont.

Flasche Nr. 18: Ägyptische Flasche
Farben: Gelb über Violett

Anwendung: Wo kann die Substanz aufgetragen werden?
Kronen- und Nabelchakra; im Bereich des Solarplexus, Haaransatz, Kopfbereich; überall, wo Schmerzen auftreten.
Körperliche Symptome: Disharmonien des Körpers
Störungen im vegetativen Nervensystem, Parkinsonsche Krankheit, Multiple Sklerose, Magengeschwüre.
Seelische Symptome: Disharmonien der Psyche
Traumtänzerei, Ängste, Phobien, Erstarrung, Materialismus, Selbstbetrug, Opferhaltung, Vertrauensprobleme, Unterscheidungsprobleme, emotionale Probleme.
Wirkung: Zielzustand nach der Behandlung
Intuition, Mut zu Veränderungen, Erkennen der Lebensaufgabe, Zugang zu Heilkräften, Charisma, Spiritualität, Fähigkeiten, anderen zu helfen und zu lehren, Lebensfreude, Unterscheidungsfähigkeit.

Flasche Nr. 19: In der materiellen Welt leben
Farben: Rot über Violett

Anwendung: Wo kann die Substanz aufgetragen werden?
Kronen- und Wurzelchakra; gesamter Unterbauch, Haaransatz; nicht zu spät abends anwenden, da die Substanz evtl. Schlafstörungen verursachen kann.
Körperliche Symptome: Disharmonien des Körpers
Frigidität, Impotenz, sexuelle Probleme, niedriger Blutdruck, Verstopfung, Energiemangel, Fußschmerzen, Appetitlosigkeit.
Seelische Symptome: Disharmonien der Psyche
Lebensunlust, Freudlosigkeit, Energielosigkeit, Süchte, Frustrationen, Ärger, Minderwertigkeitsgefühl, sexueller Mißbrauch.
Wirkung: Zielzustand nach der Behandlung
Erweckung der Kundalini, Energie, Lebensfreude, Dynamik, Liebe, Spiritualität, Selbstakzeptanz.

Flasche Nr. 20: Sternenkind/Kindernotflasche
Farben: Blau über Rosa (Kinder-Set)

Anwendung: Wo kann die Substanz aufgetragen werden?
Alle Chakren; gesamter Körper.
Körperliche Symptome: Disharmonien des Körpers
Fieber (bei Kindern), Kinderkrankheiten, Zahnen, Verletzungen (bei Kindern), Schwangerschaftsprobleme, Verbrennungen, Schürfwunden, Quetschungen; nach dem 12. Lebensjahr Flasche Nr. 1 verwenden.
Seelische Symptome: Disharmonien der Psyche
Emotionale Notlagen, Streß, Vernachlässigung des »inneren Kindes«, Isolationsgefühle, Selbstzweifel, Selbstvorwürfe, mangelndes Durchsetzungsvermögen, Illusionen, Unbeteiligtsein, sich ungeliebt fühlen.

Wirkung: Zielzustand nach der Behandlung
Frieden, Intuition, Liebe, Verbindung zum »inneren Kind«, Optimismus, Mitgefühl, spiritueller Neubeginn, inneres Gleichgewicht, Durchsetzungsvermögen, Vergebung.

Flasche Nr. 21: Neubeginn für Liebe
Farben: Grün über Rosa

Anwendung: Wo kann die Substanz aufgetragen werden?
Herz- und Wurzelchakra; um den gesamten Herzbereich herum, teilweise Lungen.
Körperliche Symptome: Disharmonien des Körpers
Ekzeme, Herzbeschwerden, Herzrhythmusstörungen, Rückenschmerzen (oberer Rücken), Asthma und Bronchitis (besonders bei Kindern), Entzündungen.
Seelische Symptome: Disharmonien der Psyche
Mangelnde Selbstliebe, sich ungeliebt fühlen, Träumerei, Isolationsgefühle, Egozentrik, Erstarrung, Unzufriedenheit, Handlungsunfähigkeit.
Wirkung: Zielzustand nach der Behandlung
Gottesliebe, Menschenliebe, Vertrauen, Veränderung, Zugang zu den schönen Künsten, Zielsicherheit, Lebensweisheit, Hingabefähigkeit, Erkennen des Lebenssinns, Lebenslektionen freudig lernen.

Flasche Nr. 22: Flasche der Rebirther
Farben: Gelb über Rosa

Anwendung: Wo kann die Substanz aufgetragen werden?
Nabelchakra; im ganzen Solarplexusbereich (auch im Rücken).

Körperliche Symptome: Disharmonien des Körpers
Störungen im Hormonsystem, Wechseljahrsbeschwerden, Funktionsstörungen der Drüsen, Verdauungsprobleme, Hautirritationen.
Seelische Symptome: Disharmonien der Psyche
Egoismus, Manipulationssucht, Lobsucht, Rücksichtslosigkeit, Angst, Angst vor Nähe, sich ungeliebt fühlen, Schock, Süchte. »Suchthelfer«.
Wirkung: Zielzustand nach der Behandlung
Selbstvergebung, geerdete Spiritualität, Kommunikation mit der göttlichen Weisheit, Bewußtsein von der unsterblichen Seele, Erinnerung an frühere Leben, Durchsetzungskraft, Ausdrucksfähigkeit, neue Lebensziele, Optimismus.

Flasche Nr. 23: Liebe und Licht
Farben: Rosenpink über Rosa

Anwendung: Wo kann die Substanz aufgetragen werden?
Kronen- und Wurzelchakra; gesamter Unterbauch, Herzbereich, Haaransatz.
Körperliche Symptome: Disharmonien des Körpers
Allergien, Drüsenprobleme, Wechseljahrsbeschwerden, Pubertätsprobleme.
Seelische Symptome: Disharmonien der Psyche
Unsicherheit, sich ungeliebt fühlen, mangelnde Selbstliebe, Fixierung auf negative Aufmerksamkeit, Illusionen über sich selbst, verzerrtes Selbstbild, Frustration, Kommunikationsprobleme, Schuldgefühle, Trennungsprobleme.
Wirkung: Zielzustand nach der Behandlung
Selbstliebe, Liebesfähigkeit, Selbsterkenntnis, Kraft, Mitgefühl, Wärme, Harmonie, Spiritualität.

Flasche Nr. 24: Neue Botschaft
Farben: Violett über Türkis

Anwendung: Wo kann die Substanz aufgetragen werden?
Kronen- und Herzchakra; Herzbereich, Hals, Haaransatz, Kopfbereich.
Körperliche Symptome: Disharmonien des Körpers
Herzbeschwerden, Funktionsstörungen der Thymusdrüse.
Seelische Symptome: Disharmonien der Psyche
Sprachprobleme, Stottern, Legasthenie, Kommunikationsprobleme, negative Egozentrik (»nur mir passiert Schlechtes«), Selbstbetrug, Betrug, Mißtrauen, emotionale Probleme, Minderwertigkeitsgefühle, Erstarrung, Unzufriedenheit.
Wirkung: Zielzustand nach der Behandlung
Verständnis, Harmonie, Kreativität, Visionen, Charisma, Reife, Freude, Mut, Frieden, geistiges Erwachen, außersinnliche Wahrnehmungen, Erkennen spiritueller Wahrheiten, Erkennen des eigenen Lebenswegs, Öffnung für neue Wege.

Flasche Nr. 25: Rekonvaleszenzflasche
Farben: Purpur über Magenta

Anwendung: Wo kann die Substanz aufgetragen werden?
Kronenchakra; Haaransatz, Kopfbereich.
Körperliche Symptome: Disharmonien des Körpers
Rekonvaleszenz nach Krankheiten, Nervenschmerzen.
Seelische Symptome: Disharmonien der Psyche
Enttäuschungen, Erschöpfung, Utopismus, Liebessucht.
Wirkung: Zielzustand nach der Behandlung
Konsequenz, Zugang zu Heilkräften, Altruismus, Wärme, spirituelles Bewußtsein, Kraft, Mut, Kreativität, Bewußtsein der unendlichen Einheit.

Flasche Nr. 26: Schockflasche/Aura-Notflasche
Farben: Orange über Orange (Chakra-Set)

☛ Wenn diese Flasche von einem Patienten ausgewählt wird, sollte zunächst nur mit dieser Flasche gearbeitet werden, um den vorhandenen Schockzustand zu lösen. Danach können erneut andere Flaschen ausgewählt werden.

Anwendung: Wo kann die Substanz aufgetragen werden?
Sakralchakra; nur folgendermaßen auftragen: um den gesamten Unterbauch und auf der gesamten linken Seite, vom linken Ohrläppchen über den Hals, die linke Schulter, die linke Körperseite entlang, am linken Bein (Außenseite) abwärts bis zum linken Fußknöchel.
Körperliche Symptome: Disharmonien des Körpers
Schockzustände, Traumata, Mißbrauch, Operationen, Unfälle, Rekonvaleszenz nach Krankheiten, Funktionsstörungen der Schilddrüse, Gallensteine, Muskelverhärtungen, Nervosität, Zusammenbrüche.
Seelische Symptome: Disharmonien der Psyche
Schock, Mißbrauch, emotionale Probleme, Depressionen, Enttäuschungen, unbewußte Ängste, nicht verzeihen können, unangemessene Reaktionen, Überaktivität, Rastlosigkeit, Desorientiertheit, übereiltes Handeln, Trennungen, Trauer, Verzweiflung, Isolationsgefühle, selbstzerstörerisches Verhalten.
Wirkung: Zielzustand nach der Behandlung
Vertrauen in die eigenen Instinkte, Weisheit, Kreativität, Unabhängigkeit, Tierliebe, Liebesfähigkeit, Aktivität, höhere Erkenntnisfähigkeit, guter Gegenwartsbezug, positive Einstellung zu Veränderungen.

☛ Bringt die wahre Aura zurück in ihre Position über dem Sonnengeflecht. Durch Schocks kann die wahre

Aura auf die linke Körperhälfte und in die »ätherische Spalte« ausweichen. Dieser Vorgang geschieht bei Erlebnissen, die für die Seele unerträglich sind und ein »Ausklinken« aus dem jetzigen Leben bewirken.

☛ Die Schockflasche hilft auch bei Tieren nach Schock, Ohnmacht oder Betäubung.

Flasche Nr. 27: Robin-Hood-Flasche
Farben: Rot über Grün

Anwendung: Wo kann die Substanz aufgetragen werden?
Herz- und Wurzelchakra; gesamter Rumpfbereich.
Körperliche Symptome: Disharmonien des Körpers
Störungen im Immunsystem.
Seelische Symptome: Disharmonien der Psyche
Intrigantentum, Erstarrung, Passivität, Identifikationsprobleme mit dem eigenen Geschlecht (der eigenen Weiblichkeit oder Männlichkeit), Persönlichkeitsspaltungen, Trennungsprobleme, Mißtrauen.
Wirkung: Zielzustand nach der Behandlung
Durchsetzungsvermögen, Konzentration, Entschlußfreudigkeit, Energie, Kraft, Lebensfreude, Harmonie, Zentriertheit, Wagemut, Transformation, Entfaltung, Selbstvertrauen, spirituelle Disziplin.

Flasche Nr. 28: Maid-Marion-Flasche
Farben: Grün über Rot

Anwendung: Wo kann die Substanz aufgetragen werden?
Herz- und Wurzelchakra; gesamter Rumpfbereich
Körperliche Symptome: Disharmonien des Körpers
Störungen im Immunsystem.

Seelische Symptome: Disharmonien der Psyche
Opferrolle, Mißtrauen, Entscheidungsprobleme, Unsicherheit, negative Egozentrik (»nur mir passiert Schlechtes«), Trennungsprobleme, Selbstzweifel, Identifikationsprobleme mit dem eigenen Geschlecht (der eigenen Weiblichkeit oder Männlichkeit).
Wirkung: Zielzustand nach der Behandlung
Ehrlichkeit, Glück, neue Bereiche erobern, Freiheitsgefühl, Intuition, Zuverlässigkeit, Klarheit, Selbsterkenntnis, Entscheidungsfähigkeit, Kampfgeist.

Flasche Nr. 29: Steh auf und wandle
Farben: Rot über Blau

Anwendung: Wo kann die Substanz aufgetragen werden?
Hals- und Wurzelchakra; gesamter Rumpfbereich.
Körperliche Symptome: Disharmonien des Körpers
Störungen im Hormonsystem, Müdigkeit, Erschöpfung.
Seelische Symptome: Disharmonien der Psyche
Sprachprobleme, Kommunikationsprobleme, Materialismus, Frustration, Ärger, Verdrängungen, Energielosigkeit, Erschöpfung, Konzentrationsprobleme.
Wirkung: Zielzustand nach der Behandlung
Energie, Kraft, Reformation, Altruismus, Friedensliebe, Harmonie, Einheit von Geist und Materie, Ganzheitlichkeit, Erfüllung, spirituelle Kommunikation und Wachheit.

Flasche Nr. 30: Den Himmel auf die Erde bringen
Farben: Blau über Rot

Anwendung: Wo kann die Substanz aufgetragen werden?
Hals- und Wurzelchakra; Kopfbereich, Haaransatz (bei geistigen Problemen), gesamter Unterbauch.

Körperliche Symptome: Disharmonien des Körpers
Genitalleiden, Verstopfung, Kopfschmerzen, Funktionsstörungen der Schilddrüse.
Seelische Symptome: Disharmonien der Psyche
Probleme, seinen Gefühlen Ausdruck zu verleihen, Vernachlässigung des »inneren Kindes«, Lobsucht, Unversöhnlichkeit, Eitelkeit, Vorurteile, Festhalten an überlebten Grundsätzen, Minderwertigkeitsgefühle (besonders im geistigen Bereich), starkes Konkurrenzdenken, Frustrationen, Wut, innere Unruhe, Überaktivität.
Wirkung: Zielzustand nach der Behandlung
Ausdrucksfähigkeit (besonders im Gefühlsbereich), Gefühlsfluß, Annahme des »inneren Kindes«, Zugang zu Heilkräften, Hellsichtigkeit, geerdete Spiritualität, Einklang von Denken und Handeln, praktische spirituelle Arbeit, Öffnung für neue Wege.

Flasche Nr. 31: Die Fontäne
Farben: Grün über Gold

Anwendung: Wo kann die Substanz aufgetragen werden?
Herz- und Nabelchakra; Herzbereich (auch im Rücken), um den Solarplexus herum, betroffene Hautpartien.
Körperliche Symptome: Disharmonien des Körpers
Herzbeschwerden, (chronische) Hautkrankheiten, Allergien, Ekzeme, Traumata, Leberleiden, Funktionsstörungen der Bauchspeicheldrüse, Nierenleiden.
Seelische Symptome: Disharmonien der Psyche
Ängste (auch unbewußte), Traumata, Chaos, Streß, Schulangst, Sprachprobleme, Stottern, Vertrauensmangel, Mißtrauen, Freudlosigkeit, Hoffungslosigkeit, Isolationsgefühle, emotionale Probleme, mangelndes Zeitgefühl.

Wirkung: Zielzustand nach der Behandlung
Verantwortungsbewußtsein, Kontaktfreudigkeit, Zugang zu den schönen Künsten, Wissen, Weisheit, Naturverbundenheit, Gläubigkeit, Kontakt zu geistigen Wesen, Freude, Herzenswärme, Glück.

Flasche Nr. 32: Sophia
Farben: Königsblau über Gold

Anwendung: Wo kann die Substanz aufgetragen werden?
Stirn- und Nabelchakra; Kopfbereich, Oberkörper bis zum Bauchnabel.
Körperliche Symptome: Disharmonien des Körpers
Hautirritationen (auch Altersflecken), Nervosität, Nierenleiden, Leberleiden, Funktionsstörungen der Bauchspeicheldrüse, Magen- und Darmleiden.
Seelische Symptome: Disharmonien der Psyche
Streß, Identitätsprobleme, mangelnder Gegenwartsbezug, Süchte, Ängste (auch unbewußte), Lebensangst, innere Unruhe, Illusionen, Erstarrung, emotionale Probleme.
Wirkung: Zielzustand nach der Behandlung
Guter Gegenwartsbezug, Durchsetzungsvermögen, innerer Frieden, Herzenswärme, Charisma, Disziplin, Ausdrucksfähigkeit, Selbsterkenntnis, Kreativität, schöpferische Fähigkeiten, Klärung der Mutterbeziehung, geistige Klarheit, innere Weisheit.

Flasche Nr. 33: Delphin
Farben: Königsblau über Türkis

Anwendung: Wo kann die Substanz aufgetragen werden?
Stirn- und Herzchakra; Herzbereich, Kopfbereich, Haaransatz, Augenbrauen und alle Gesichtsknochen, Kiefer.

Körperliche Symptome: Disharmonien des Körpers
Augenprobleme.
Seelische Symptome: Disharmonien der Psyche
Opferhaltung, Energielosigkeit, Teilnahmslosigkeit, Unsicherheit, Isolationsgefühle, Vernachlässigung des »inneren Kindes«, Unselbständigkeit, Integrationsprobleme, mangelnde Selbstliebe, Selbstzweifel, Probleme, seinen Gefühlen Ausdruck zu verleihen.
Wirkung: Zielzustand nach der Behandlung
Intuition, Vertrauen in höhere Führung, Zugang zur Kunst, Kreativität, Verwirklichung der Lebensaufgabe, Selbsterkenntnis, Selbstakzeptanz, Frieden, Sanftmut, Liebesfähigkeit, Kraftgeist, Durchsetzungsvermögen, Naturverbundenheit, spiritueller Humor, Vertrauen.

Flasche Nr. 34: Die Geburt der Venus
Farben: Rosa über Türkis

Anwendung: Wo kann die Substanz aufgetragen werden?
Herz- und Wurzelchakra; Herzbereich, Haaransatz, Unterbauch.
Körperliche Symptome: Disharmonien des Körpers
Herzbeschwerden, Menstruationsbeschwerden, Akne, Wachstumsschmerzen (Pubertät).
Seelische Symptome: Disharmonien der Psyche
Traumata, Enttäuschungen, Glaubenskrisen, Mißtrauen, mangelndes Selbstwertgefühl, Minderwertigkeitsgefühle, Träumerei, Illusionen, Haltlosigkeit, Liebessucht, Verführbarkeit.
Wirkung: Zielzustand nach der Behandlung
Unabhängigkeit, Liebesfähigkeit, Herzenswärme, Bewußtsein der eigenen alten (= oft inkarnierten) Seele, den eigenen Lebensweg kennen und gehen, Zugang zu Mysterien, innere Harmonie (Ausgleich von Yin und Yang).

Flasche Nr. 35: Freundlichkeit
Farben: Rosa über Violett

Anwendung: Wo kann die Substanz aufgetragen werden?
Kronen- und Wurzelchakra; gesamter Körper.
Körperliche Symptome: Disharmonien des Körpers
Kopfschmerzen, Beschwerden der Wechseljahre, Schlaflosigkeit.
Seelische Symptome: Disharmonien der Psyche
Frustrationen, Wut, Vernachlässigung des »inneren Kindes«, Helfersyndrom, Verführbarkeit, Haltlosigkeit, negative Konditionierungen, Enttäuschungen, Narzißmus, Depressionen, Überempfindlichkeit, Erschöpfung, Verzweiflung.
Wirkung: Zielzustand nach der Behandlung
Hilfsbereitschaft, Zugang zu Heilkräften, Liebesfähigkeit, Altruismus, Sanftmut, Mitgefühl, Freundlichkeit, spirituelle Liebe, Intuition, Selbstvertrauen, Selbstakzeptanz, Erkennen der Lebensaufgabe, Kraft.

Flasche Nr. 36: Nächstenliebe
Farben: Violett über Rosa

Anwendung: Wo kann die Substanz aufgetragen werden?
Kronen- und Wurzelchakra; gesamter Körper.
Körperliche Symptome: Disharmonien des Körpers
Knie- und Hüftbeschwerden, Kopfverletzungen, unbestimmbare Schmerzen im ganzen Körper.
Seelische Symptome: Disharmonien der Psyche
Frustrationen, Vernachlässigung des »inneren Kindes«, Liebessucht, Verführbarkeit, Illusionen, Identifikationsprobleme, Opferrolle, mangelnde Gegenwartsbezogenheit, Erdungsprobleme, Glaubensprobleme.

Wirkung: Zielzustand nach der Behandlung:
Gegenwartsbezogenheit, Gottverbundenheit, spirituelle Liebe, Liebesfähigkeit, Bewußtsein, in Liebe geboren zu sein, Selbstliebe, Verwirklichung des eigenen Lebenssinns, innere Harmonie zwischen Verstand und Gefühl, Zugang zu Heilkräften, Selbstlosigkeit, Altruismus, Annahme des Lebens, Annahme von Veränderungen.

Flasche Nr. 37: Der Schutzengel auf Erden
Farben: Violett über Blau

Anwendung: Wo kann die Substanz aufgetragen werden?
Kronen- und Halschakra; gesamter Halsbereich (auch Nacken), Haaransatz.
Körperliche Symptome: Disharmonien des Körpers
Funktionsstörungen der Schilddrüse, Kopfschmerzen, Halsschmerzen, Verspannungen (Nacken).
Seelische Symptome: Disharmonien der Psyche
Lebensunlust, Depression, Illusionen, Neigung zu Manipulation, autoritäres Verhalten, Überheblichkeit, Eitelkeit, Desorientiertheit, Weltschmerz.
Wirkung: Zielzustand nach der Behandlung
Transformation, Inspiration, Intuition, Gottverbundenheit, Zugang zu höheren Dimensionen, innerer Frieden, Selbstbewußtsein, Disziplin, Verwirklichung der eigenen Lebensaufgabe, spirituelle Arbeit, Elan, Verantwortung, Zugang zu den schönen Künsten.

Flasche Nr. 38: Troubadourflasche II
Farben: Violett über Grün

Anwendung: Wo kann die Substanz aufgetragen werden?
Kronen- und Herzchakra; Haaransatz, Herzbereich; kann auf alle schmerzenden Stellen aufgetragen werden.
Körperliche Symptome: Disharmonien des Körpers
Rheuma, Nierenleiden, Blasenbeschwerden, Herzbeschwerden, Arthritis, Neuralgien, Nervenschmerzen.
Seelische Symptome: Disharmonien der Psyche
Neid, Eifersucht, Mißtrauen, Glaubensprobleme, Enttäuschungen, Überaktivität, Unsicherheit, Suche nach Anerkennung, mangelnde Integration der weiblichen Aspekte, Autoritätsprobleme.
Wirkung: Zielzustand nach der Behandlung
Individualität, ausgeprägte Persönlichkeit, Gemeinschaftssinn, Unabhängigkeit, Ausdrucksfähigkeit, Entscheidungssicherheit, Erkennen der Lebensaufgabe, steht zu den eigenen Gefühlswahrheiten, Sensitivität, Intuition, Reife, Karmaverständnis, Spiritualität, Freundlichkeit, spendet Trost.

Flasche Nr. 39: Ägyptische Flasche II
Farben: Violett über Gold

Anwendung: Wo kann die Substanz aufgetragen werden?
Kronen- und Nabelchakra; Haaransatz, Bauchbereich, akute Hautstellen.
Körperliche Symptome: Disharmonien des Körpers
Verstopfung, Schuppenflechte, Hautprobleme, Brüche.
Seelische Symptome: Disharmonien der Psyche
Ängste, Verwirrung, Egozentrik, Illusionen, Träumerei, Utopismus, Selbstvorwürfe, Selbsttäuschung, Integrationsschwierigkeiten, Isolation, Unterscheidungsprobleme, Ein-

samkeit, Enttäuschung, falsches Selbstbild, Minderwertigkeitsgefühle, Unbeteiligtsein.

Wirkung: Zielzustand nach der Behandlung

Lebensfreude, Verständnis, Wissen, Unterscheidungsvermögen, Selbsterkenntnis, Transformation, innere Veränderung = äußere Veränderung, Handlungskraft.

Flasche Nr. 40: Ich bin
Farben: Rot über Gold

Anwendung: Wo kann die Substanz aufgetragen werden?

Nabel- und Wurzelchakra; gesamter Rumpfbereich.

Körperliche Symptome: Disharmonien des Körpers

Magenleiden, Magengeschwüre, Schulterleiden, Hautentzündungen.

Seelische Symptome: Disharmonien der Psyche

Autoritäres Verhalten, Ärger, Schuldgefühle, Selbstvorwürfe, Selbstzweifel, Vorurteile, Frustrationen, sich unverstanden fühlen, sexuelle Probleme, Naivität, Schocks, Festhalten an überlebten Grundsätzen, mangelnde Selbstliebe, Süchte. »Suchthelfer«.

Wirkung: Zielzustand nach der Behandlung

Weisheit, Ausdrucksfähigkeit, Selbsterkenntnis, analytische Fähigkeiten, Erfolg, Dynamik, innere Ausgewogenheit, Kreativität, Erdung, spirituelle Sexualität, Lebensfreude, Selbstliebe und Menschenliebe.

Flasche Nr. 41: Weisheitsflasche
Farben: Gold über Gold

Anwendung: Wo kann die Substanz aufgetragen werden?

Nabelchakra; gesamter Solarplexusbereich, Nieren, betroffene Stellen.

Körperliche Symptome: Disharmonien des Körpers
Nierenleiden, Hautprobleme, Rückenschmerzen (mittlerer Rücken).
Seelische Symptome: Disharmonien der Psyche
Ängste, Handlungsunfähigkeit, Selbstzweifel, Festhalten an überlebten Grundsätzen, Unzufriedenheit, Materialismus, Freudlosigkeit, innere Konflikte, Egozentrik, Beziehungsabhängigkeit, Schuldgefühle, Vorwürfe, Bitterkeit, Verwirrung.
Wirkung: Zielzustand nach der Behandlung
Naturverbundenheit, Einklang mit dem Naturrhythmus, Natürlichkeit, Einfachheit, Hilfsbereitschaft, Rechtschaffenheit, Lebensfreude, Glück, innere Weisheit, Gottvertrauen, Zufriedenheit, Harmonie von Verstand und Gefühl, Verantwortungsgefühl, Abenteuerlust, Energie, Ausdrucksfähigkeit, Handlungsfähigkeit.

Flasche Nr. 42: Die Ernte
Farben: Gelb über Gelb

Anwendung: Wo kann die Substanz aufgetragen werden?
Nabelchakra; Solarplexusbereich, betroffene Körperstellen.
Körperliche Symptome: Disharmonien des Körpers
Leberleiden, Darmprobleme, Störungen im Hormonsystem, Müdigkeit, Hautleiden, Verletzungen, Diabetes, Probleme des (vegetativen) Nervensystems.
Seelische Symptome: Disharmonien der Psyche
Ängste, Prüfungsangst, Identitätsprobleme, Erstarrung, Entscheidungsprobleme, Kopflastigkeit, Freudlosigkeit, Eßsucht, mangelnde Gegenwartsbezogenheit, Bedrücktheit, Unglücklichsein, emotionale Probleme, Nervosität, Depressionen, Winterdepression, Illusionen, Verwirrung.
Wirkung: Zielzustand nach der Behandlung
Bewegungsfreude, Freundlichkeit, Freude, Harmonie, Spontaneität, Integration in den Lebensfluß, Mitgefühl,

Wärme, Liebe, Freiheit, Ungehemmtheit, Anpassungsfähigkeit, gute Auffassungsgabe, scharfer Intellekt, Selbsterkenntnis, Zielbewußtsein, Entscheidungsfähigkeit, Ganzheitlichkeit, Positivität.

Flasche Nr. 43: Kreativität
Farben: Türkis über Türkis

Anwendung: Wo kann die Substanz aufgetragen werden?
Herzchakra; gesamter Herz- und Brustbereich.
Körperliche Symptome: Disharmonien des Körpers
Herzrhythmusstörungen, Probleme im Brustbereich, Bronchitis, Funktionsstörungen der Thymusdrüse, Nervosität.
Seelische Symptome: Disharmonien der Psyche
Unbewußte Ängste, Traurigkeit, negative Konditionierungen, Narzißmus, Gefühllosigkeit, Identitätsprobleme, verzerrtes Selbstbild, Nervosität, Sprachprobleme (bei Kindern), Kommunikationsprobleme, sexuelle Probleme, Isolationsgefühle, Blockaden, Festhalten an überlebten Grundsätzen.
Wirkung: Zielzustand nach der Behandlung
Innere Harmonie, Offenheit, Selbstakzeptanz, geistige Beweglichkeit, Zugang zu kosmischen Wahrheiten, kosmologische Interessen, Kontakt zu höheren Wesen, Zugang zu den schönen Künsten, Ausdrucksfähigkeit, Kreativität, erwachte Sexualität, Selbsterkenntnis, Klärung des Unterbewußtseins, Auftreten in der Öffentlichkeit.

Flasche Nr. 44: Der Schutzengel
Farben: Hellviolett über Hellblau

Anwendung: Wo kann die Substanz aufgetragen werden?
Kronen- und Halschakra; Haaransatz, Hals, Nacken.

Körperliche Symptome: Disharmonien des Körpers
Funktionsstörungen von Schilddrüse und Hirnanhangdrüse, Nackenschmerzen.
Seelische Symptome: Disharmonien der Psyche
Verzweiflung, Glaubenszweifel, Weltschmerz, Sinnkrise, Traumtänzerei, Egozentrik, Mißbrauch, sexueller Mißbrauch, Traumata (Kindheit), mangelnde Gegenwartsbezogenheit, innere Unruhe, Selbstbetrug, Schwierigkeiten mit dem »inneren Kind«, Festhalten an überlebten Grundsätzen.
Wirkung: Zielzustand nach der Behandlung
Zugang zu Heilkräften, Inspiration, Verbindung zum höheren Selbst, Befreiung, Reformation, Gottverbundenheit, Konzentrationsfähigkeit, Zusammenarbeit, Ausdruckstiefe, intensive Arbeit an der Lebensaufgabe, Integration in den Lebensfluß, Finden der Kraftquelle in sich selbst, Kontakt zu höheren Ebenen, mediale Fähigkeiten, Engelkontakte, außersinnliche Wahrnehmungen, innerer Frieden, Erdung, Elan, Freude.

Flasche Nr. 45: Atem der Liebe
Farben: Türkis über Magenta

Anwendung: Wo kann die Substanz aufgetragen werden?
Kronen-, Herz- und Wurzelchakra; Herzbereich, überall am Körper, wo Symptome auftreten.
Körperliche Symptome: Disharmonien des Körpers
Magersucht, Eßsucht (allgemein zur Unterstützung bei Diäten), Herzbeschwerden.
Seelische Symptome: Disharmonien der Psyche
Trennungsprobleme, sexuelle Probleme, Blockaden, innere Konflikte, Sprachprobleme, Kommunikationsprobleme, Helfersyndrom, emotionale Probleme, mangelnde Selbstliebe, übersteigerter Ehrgeiz, verzerrtes Selbstbild, Streß, Erschöpfung.

Wirkung: Zielzustand nach der Behandlung
Innere Harmonie, Erkennen der Lebensaufgabe, Altruismus, Kreativität, Zugang zu altem Wissen, Intuition, Sensibilität, Hilfsbereitschaft, Mitgefühl, (bedingungslose) Liebe, innere Ausdehnung, Organisationstalent, innere Stärke, Selbstverantwortung, Hellsichtigkeit.

Flasche Nr. 46: Der Wanderer
Farben: Grün über Magenta

Anwendung: Wo kann die Substanz aufgetragen werden?
Kronen- und Herzchakra; Herzbereich, Unterleib.
Körperliche Symptome: Disharmonien des Körpers
Genitalleiden, Menstruationsbeschwerden, Bronchitis, Pilzerkrankungen.
Seelische Symptome: Disharmonien der Psyche
Egoismus, Liebessucht, Süchte, Vernachlässigung des »inneren Kindes«, Verführbarkeit, negative Konditionierungen, Mißtrauen, Vertrauensmangel, Trennungsprobleme, Unsicherheit, Abhängigkeit von anderen, Eifersucht, Neid, unbewußte Ängste.
Wirkung: Zielzustand nach der Behandlung
Vertrauen, Zentriertheit, Treue, Spiritualität, Integration in den Lebensfluß, Konzentrationsfähigkeit, Disziplin, Gründlichkeit, Entspannungsfähigkeit, Naturverbundenheit, innere Ausgeglichenheit, Energie, Liebe, Mitgefühl, Selbstverwirklichung, Verbindung zum höheren Selbst, Kreativität, Optimismus, Herzenswärme, Kontakt zum »inneren Kind« (Geburtshelfer im wörtlichen und im übertragenen Sinn)

Flasche Nr. 47: Alte Seele
Farben: Königsblau über Zitronengelb

Anwendung: Wo kann die Substanz aufgetragen werden?
Stirn-, Herz- und Nabelchakra; gesamter Rumpfbereich (vom Bauchnabel aufwärts), Haaransatz.
Körperliche Symptome: Disharmonien des Körpers
Herzbeschwerden, Rückenschmerzen (mittlerer Rücken), Alzheimer-Krankheit, Konditionsmangel, Erschöpfung.
Seelische Symptome: Disharmonien der Psyche
Erschöpfung, verzerrtes Selbstbild, innerliche Anspannung, Selbstbetrug, Betrügerei, Konzentrationsmangel, Unterscheidungsprobleme, inneres Ungleichgewicht, Ängste, ungenutzte Möglichkeiten.
Wirkung: Zielzustand nach der Behandlung
Ganzheitlichkeit, Zentriertheit, Verbindung zum höheren Selbst, Zugang zu den Mysterien, Wissen, Klarheit, Logik, Erkennen des Lebenswegs, Möglichkeiten wahrnehmen und nutzen können, Gleichgewicht von Gefühl und Verstand, Herzenswärme, Ausdrucksfähigkeit, Aktivität, Inspiration, außersinnliche Wahrnehmungen, Mut, Kreativität.

Flasche Nr. 48: Flügel der Heilung
Farben: Violett über Klar

Anwendung: Wo kann die Substanz aufgetragen werden?
Kronenchakra; Haaransatz, Unterbauch.
Körperliche Symptome: Disharmonien des Körpers
Pilzerkrankungen, Störungen im Hormonsystem, Rückenschmerzen (unterer Rücken).
Seelische Symptome: Disharmonien der Psyche
Frustration, Wut, Ärger, negative Egozentrik (»nur mir passiert Schlechtes«), selbstzerstörerisches Verhalten, Selbstvorwürfe, innere Unruhe, Nervosität, innere Konflikte, sich

Die Aura-Soma-Produkte

❶

❷

❶ Die Balance-Flaschen

❷ Die Pomander

❸ Die Quintessenzen

❹ Weitere Produkte (Shampoo, Seife, Badezusätze)

❸

❹

Der Mensch als Regenbogen

Wurzelchakra

Flasche Nr. 5

Flasche Nr. 6

Flasche Nr. 81

Flasche Nr. 84

Der Mensch als Regenbogen

Sakralchakra

Flasche Nr. 26

Flasche Nr. 59

Flasche Nr. 82

Flasche Nr. 87

Der Mensch als Regenbogen

Nabelchakra

Flasche Nr. 4 Flasche Nr. 41 Flasche Nr. 42 Flasche Nr. 51

Der Mensch als Regenbogen

Herzchakra

Flasche Nr. 3 Flasche Nr. 10 Flasche Nr. 43 Flasche Nr. 53

Der Mensch als Regenbogen

Halschakra

Flasche Nr. 2

Flasche Nr. 12

Flasche Nr. 50

Flasche Nr. 60

Der Mensch als Regenbogen

Stirnchakra

Flasche Nr. 1 Flasche Nr. 33 Flasche Nr. 54* Flasche Nr. 68

* zur Öffnung des Dritten Auges

Der Mensch als Regenbogen

Kronenchakra

Flasche Nr. 0 Flasche Nr. 16 Flasche Nr. 56 Flasche Nr. 78

unverstanden fühlen, ungenutzte Möglichkeiten, Konzentrationsmangel, Trauer, innere Leere.

Wirkung: Zielzustand nach der Behandlung

Zugang zu Heilkräften, Entgiftung, Energie, Fürsorglichkeit, Kommunikation, Lebensfreude, Lebensverbundenheit, Glaube, Erkennen der Lebensaufgabe, Konzentrationsfähigkeit.

Flasche Nr. 49: Neuer Bote
Farben: Türkis über Violett

Anwendung: Wo kann die Substanz aufgetragen werden?

Kronen- und Herzchakra; Haaransatz, Halsbereich, Brustbereich.

Körperliche Symptome: Disharmonien des Körpers

Schulterprobleme (auch Tennisarm), Funktionsstörungen von Schilddrüse und Thymusdrüse, Nasenpolypen, Stirnhöhlenentzündung.

Seelische Symptome: Disharmonien der Psyche

Ängste, Sprachprobleme, Mutlosigkeit, Erstarrung, Handlungsunfähigkeit, mangelndes Durchsetzungsvermögen, Probleme mit der Dominanz anderer, Unterscheidungsprobleme, Vernachlässigung des »inneren Kindes«, Traumata, Isolationsgefühle, übersteigerter Idealismus, Utopismus, ungenutzte Möglichkeiten, Schuldgefühle, Verzweiflung, mangelndes Zeitgefühl.

Wirkung: Zielzustand nach der Behandlung

Kreativität, Ideenreichtum, Gefühl für Rhythmus und Zeit, Sprachbegabung, Auftreten in der Öffentlichkeit, Spiritualität, spirituelle Liebe, spirituelle Gespräche, Erkennen des Lebenswegs, Gefühlsoffenheit, Akzeptanz anderer, Selbstakzeptanz, Verbindung zum »inneren Kind«, Flexibilität, Neubeginn, Veränderungsfähigkeit, Unterscheidungsvermögen, Vertrauen.

Flasche Nr. 50: El Morya
Farben: Hellblau über Hellblau (Meister-Set)

Anwendung: Wo kann die Substanz aufgetragen werden?
Halschakra; gesamter Halsbereich, nach Empfinden.
Körperliche Symptome: Disharmonien des Körpers
Funktionsstörungen der Schilddrüse, Halsentzündungen (besonders bei Kindern).
Seelische Symptome: Disharmonien der Psyche
Vernachlässigung des »inneren Kindes«, Selbstvorwürfe, Unversöhnlichkeit, Sprachprobleme, Mißbrauch, Abhängigkeit von anderen, Autoritätsprobleme, negative Lebenseinstellung, Blockaden, innere Konflikte, innerer Unfriede, Isolationsgefühle, Unselbständigkeit.
Wirkung: Zielzustand nach der Behandlung
Einheit von Seele, Lebensaufgabe und höherer Macht (Meister), Vergebung, Selbstlosigkeit, neue Wege gehen, Engagement, klarer Verstand, höheres Bewußtsein, Überwindung des Egos, Klarheit, Freude, Gottvertrauen, Inspiration, Kommunikationsfähigkeit, Wahrheitsliebe, Weltliebe, Menschenliebe, Selbstliebe, verströmende spirituelle Liebe, Frieden.

Flasche Nr. 51: Kuthumi
Farben: Hellgelb über Hellgelb (Meister-Set)

Anwendung: Wo kann die Substanz aufgetragen werden?
Nabelchakra; gesamte Körperregion um den Solarplexus, betroffene Stellen.
Körperliche Symptome: Disharmonien des Körpers
Verdauungsprobleme, Magersucht, Eßsucht, Hautprobleme.
Seelische Symptome: Disharmonien der Psyche
Erwartungsängste, Kopflastigkeit, Freudlosigkeit, Erstarrung, Unterscheidungsprobleme, mangelnder Gegenwarts-

bezug, Dogmatismus, spirituelle Probleme, emotionale Probleme, Blockaden.

Wirkung: Zielzustand nach der Behandlung

Klarer Intellekt, Klarheit, geistige Unabhängigkeit, Weisheit und Wissen (geistiger Geburtshelfer), Mitgefühl, Herzenswärme, Festigkeit auf dem Lebensweg, gute Auffassungsgabe, Zahlenverständnis, geistige Beweglichkeit, Mut, spiritueller Kampfgeist, Kontakt zu höheren Wesen, Naturverbundenheit (besonders zum Pflanzenreich).

Flasche Nr. 52: Lady Nada
Farben: Hellrosa über Hellrosa (Meister-Set)

Anwendung: Wo kann die Substanz aufgetragen werden?

Kronen- und Wurzelchakra; Kopfbereich, Schläfen, Unterbauch.

Körperliche Symptome: Disharmonien des Körpers

Störungen im Hormonsystem, Menstruationsbeschwerden, Beschwerden der Wechseljahre, Genitalleiden.

Seelische Symptome: Disharmonien der Psyche

Illusionen, mangelnde Erdung, innere Unruhe, Mißbrauch, Helfersyndrom, Opferrolle, innere Leere, Erschöpfung, sich ungeliebt fühlen, Überreizung, Identitätsprobleme, Vernachlässigung des »inneren Kindes«, mangelndes Selbstwertgefühl, Unterscheidungsprobleme, Prüfungsängste.

Wirkung: Zielzustand nach der Behandlung

Selbstlosigkeit, Mitgefühl, Selbstliebe, Selbstakzeptanz, Altruismus, Nächstenliebe, Hilfsbereitschaft, Naturliebe, Konzentrationsfähigkeit, Zugang zu früheren Leben, spirituelle Liebe, Intuition, Heilung des »inneren Kindes«.

Flasche Nr. 53: Hilarion
Farben: Hellgrün über Hellgrün (Meister-Set)

Anwendung: Wo kann die Substanz aufgetragen werden?
Herzchakra; Herz-, Brust- und Lungenbereich.
Körperliche Symptome: Disharmonien des Körpers
Beschwerden im Brustbereich, Asthma, Bronchitis, Herzbeschwerden, Schocks, Unfälle, Mißbrauch.
Seelische Symptome: Disharmonien der Psyche
Unbewußte Ängste, innere Anspannung, Schock, sexueller Mißbrauch, emotionaler Mißbrauch, Schuldgefühle, mangelndes Körperbewußtsein, Neid, Eifersucht, Isolationsgefühle, Phobien, Platzangst, Mißtrauen, Vertrauensmangel, Festhalten an überlebten Grundsätzen, Erstarrung, Dogmatismus, Selbstbetrug.
Wirkung: Zielzustand nach der Behandlung
Zugang zur Wissenschaft und zu kosmischen Gesetzen, Naturliebe, Körperbewußtsein, Erkennen der Lebensaufgabe, Unterscheidungsvermögen, geistige Klarheit, gute Auffassungsgabe, Inspiration, Spiritualität, höheres Bewußtsein.

Flasche Nr. 54: Serapis Bey
Farben: Klar über Klar (Meister-Set)

Anwendung: Wo kann die Substanz aufgetragen werden?
alle Chakren; gesamter Körper, betroffene Stellen.
Körperliche Symptome: Disharmonien des Körpers
Vergiftungen, Wasserstau, Unterstützung beim Fasten.
Seelische Symptome: Disharmonien der Psyche
Festhalten an überlebten Grundsätzen, Leiden, innere Konflikte, Traurigkeit, Detailkrämerei, mangelnde Gegenwarts-

bezogenheit, Handlungsunfähigkeit, emotionale Probleme, sexuelle Probleme, ungeweinte Tränen.

Wirkung: Zielzustand nach der Behandlung

Verständnis, Selbstverwirklichung, Liebe zur Philosophie, Weisheit, Wissen, Zugang zu kosmischen Gesetzen, Unterscheidungsvermögen, Erkenntnisfähigkeit, Klarheit, Energie, Dynamik, sanfte Kampfkraft, Reinigung, Entgiftung, Harmonie der Chakren.

Flasche Nr. 55: Der Christus
Farben: Klar über Rot (Meister-Set)

Anwendung: Wo kann die Substanz aufgetragen werden?

Wurzelchakra; gesamter Unterbauch.

Körperliche Symptome: Disharmonien des Körpers

Sexuelle Probleme, Energiemangel.

Seelische Symptome: Disharmonien der Psyche

Frustration, Wut, Ärger, Weltschmerz, Materialismus, Genußsucht, Erschöpfung, sexuelle Probleme, Identitätsprobleme, Isolationsgefühle, Mißbrauch, Traumata, Vernachlässigung des »inneren Kindes«, Enttäuschungen, Opferrolle, Unterscheidungsprobleme.

Wirkung: Zielzustand nach der Behandlung

Wahrheitsliebe, innere Weisheit, Klarheit, Hilfsbereitschaft, Umsetzung von geistigen Bildern in Handlung, Vorkämpferrolle übernehmen, Erweckung der Kundalini, Transformation, Demut.

Flasche Nr. 56: Saint Germain
Farben: Hellviolett über Hellviolett (Meister-Set)

Anwendung: Wo kann die Substanz aufgetragen werden?

Kronenchakra; Kopfbereich, Haaransatz.

Körperliche Symptome: Disharmonien des Körpers
Fieber, Schlaflosigkeit, Kopfschmerzen, Migräne, Nervosität, (alles auch bei Kindern), übertriebenes Körpertraining.
Seelische Symptome: Disharmonien der Psyche
Opferrolle, alte Konditionierungen, Streß, Einsamkeit, Isolationsgefühle, spirituelle Probleme, selbstzerstörerisches Verhalten, emotionale Schwierigkeiten, innere Konflikte, Leiden, Selbstqual, Lebensangst, Sinnkrise.
Wirkung: Zielzustand nach der Behandlung
Humor, Inspiration, Intuition, Zugang zu höheren Wahrheiten, Fähigkeit, andere zu lehren, Kreativität, klarer Intellekt, gute Kondition, Frieden, Selbstliebe.

Flasche Nr. 57: Pallas Athene und Aeolus
Farben: Hellrosa über Hellblau (Meister-Set)

Anwendung: Wo kann die Substanz aufgetragen werden?
Kronen-, Hals- und Wurzelchakra; Halsbereich, Kopfbereich, Haaransatz, gesamter Unterleib.
Körperliche Symptome: Disharmonien des Körpers
Menstruationsbeschwerden, Sprachprobleme.
Seelische Symptome: Disharmonien der Psyche
Legasthenie, Sprachprobleme, Utopismus, Dogmatismus, alte Konditionierungen, mangelnde Integration der weiblichen und männlichen Aspekte.
Wirkung: Zielzustand nach der Behandlung
Dynamik, Elan, Ausdrucksfähigkeit, Kraft, Wissen, Interesse am Fortschritt der Menschheit, Zugang zu den schönen Künsten, gutes Zeitgefühl, innere Ausgewogenheit, innerer Frieden, Traumdeutung, Vertrauen, Gottvertrauen.

Flasche Nr. 58: Orion und Angelika
Farben: Hellblau über Hellrosa (Meister-Set)

Anwendung: Wo kann die Substanz aufgetragen werden?
Kronen-, Hals- und Wurzelchakra; Haaransatz, Kopfbereich, Halsbereich, gesamter Unterbauch.
Körperliche Symptome: Disharmonien des Körpers
Kinderkrankheiten, Probleme mit der Wirbelsäule, Rekonvaleszenz nach Krankheiten.
Seelische Symptome: Disharmonien der Psyche
Rekonvaleszenz, Vernachlässigung des »inneren Kindes«, Angst vor Nähe, mangelndes Körperbewußtsein, Probleme, seinen Gefühlen Ausdruck zu verleihen, Überempfindlichkeit, Ängste, Frustrationen, Selbsttäuschung, Manipulation, emotionale Schwierigkeiten, Identitätsprobleme mit dem eigenen Geschlecht (der eigenen Weiblichkeit oder Männlichkeit).
Wirkung: Zielzustand nach der Behandlung
Gegenwartsbezogenheit, Transformation, Ausdrucksfähigkeit, Sensibilität, spirituelle Dynamik, Kommunikation mit höheren Ebenen, Reinigung, Ganzheitlichkeit, Bewußtsein der ewigen Seele, Naturverbundenheit, Liebe zum Leben, Freude an Berührungen, Bewußtsein der Göttlichkeit des Lebens und der Menschen.

Flasche Nr. 59: Lady Portia
Farben: Hellgelb über Hellrosa (Meister-Set)

Anwendung: Wo kann die Substanz aufgetragen werden?
Nabel-, Sakral- und Wurzelchakra; Solarplexusbereich, gesamter Unterbauch.
Körperliche Symptome: Disharmonien des Körpers
Hautleiden (auch in der Pubertät), Verdauungsprobleme, Verstopfung.

Seelische Symptome: Disharmonien der Psyche
Unzufriedenheit, hochgesteckte Ziele, Redeschwall, Kopflastigkeit, alte Konditionierungen, Selbstvorwürfe, Freudlosigkeit, Schuldgefühle, Eßsucht.
Wirkung: Zielzustand nach der Behandlung
Selbstlosigkeit, Freude, Humor, Mut, Kampfgeist, Dankbarkeit, Ausdrucksfähigkeit, Unterscheidungsvermögen, Gerechtigkeit, Ganzheitlichkeit, Wissen, Entgiftung, Reinigung.

Flasche Nr. 60: Kwan Yin und Lao Tse
Farben: Blau über Klar (Meister-Set)

Anwendung: Wo kann die Substanz aufgetragen werden?
Halschakra; gesamter Halsbereich, nach Bedarf.
Körperliche Symptome: Disharmonien des Körpers
Infektionen, Entzündungen, Halsschmerzen, Fieber, körperliche Sprachprobleme.
Seelische Symptome: Disharmonien der Psyche
Abhängigkeit von anderen, ungeweinte Tränen, Leiden, alte Konditionierungen, Probleme, die eigenen Gefühle auszudrücken, Detailkrämerei, Helfersyndrom, Isolationsgefühle, Überaktivität, Sprachprobleme, Minderwertigkeitsgefühle, mangelndes Selbstwertgefühl.
Wirkung: Zielzustand nach der Behandlung
Weisheit, Erkennen der Lernaufgaben im Leben, klares Selbstverständnis, Selbsterkenntnis, Seelenbewußtsein, Befreiung, innere Ruhe, positive Stille, starke Gegenwartsbezogenheit, klares Urteilsvermögen, Freude, Ausgeglichenheit, Ausdrucksfähigkeit auf emotionaler Ebene, Gelassenheit.

Flasche Nr. 61: Sanat Kumara
Farben: Hellrosa über Hellgelb (Meister-Set)

Anwendung: Wo kann die Substanz aufgetragen werden?
Nabel-, Sakral- und Wurzelchakra; gesamter Rumpfbereich.
Körperliche Symptome: Disharmonien des Körpers
Hautleiden, Störungen des Nervensystems, Alzheimer-Krankheit, Parkinsonsche Krankheit.
Seelische Symptome: Disharmonien der Psyche
Ängste (auch unbewußte), Liebessucht, Abhängigkeit von anderen, Beziehungsabhängigkeit, Dominiertwerden durch andere, mangelndes Durchsetzungsvermögen, Süchte, alte Konditionierungen, Unterscheidungsprobleme, Naivität, Angst vor Nähe, Trauer, sexuelle Probleme, Mißbrauch.
Wirkung: Zielzustand nach der Behandlung
Freundlichkeit, Ehrlichkeit, Liebe, Zugang zu Gefühlen, Erkennen der Lebenslektionen, Zugang zur Wahrheit, Optimismus, Selbsterkenntnis, Kommunikationsfähigkeit, Ausgewogenheit.

Flasche Nr. 62: Maha Chohan
Farben: Helltürkis über Helltürkis (Meister-Set)

Anwendung: Wo kann die Substanz aufgetragen werden?
Hals- und Herzchakra; gesamter Hals- und Brustbereich.
Körperliche Symptome: Disharmonien des Körpers
Asthma, Bronchitis, Beschwerden im Brustbereich, Herzbeschwerden, Funktionsstörungen der Thymusdrüse.
Seelische Symptome: Disharmonien der Psyche
Unbewußte Ängste, alte Konditionierungen, Blockaden, Sprachprobleme, Selbstvorwürfe, Selbstqual, Selbstbestrafung, selbstzerstörerisches Verhalten, Isolationsgefühle, Trennungsprobleme, emotionale Probleme, Kommunikationsprobleme, Überempfindlichkeit, Traumata, Phobien.

Wirkung: Zielzustand nach der Behandlung
Ausdrucksfähigkeit, Kommunikationsfähigkeit, Altruismus, Kreativität, Inspiration, Intuition, Vertrauen, Demut, Bescheidenheit, Selbsterkenntnis, Erkennen des Lebenswegs, Integration in den Lebensfluß, Vertrauen in höhere Führung, Zugang zu höheren Dimensionen und zum Unterbewußtsein, Liebe zum Mineralreich.

Flasche Nr. 63: Djwal Khul und Hilarion
Farben: Grün über Hellgrün (Meister-Set)

Anwendung: Wo kann die Substanz aufgetragen werden?
Herzchakra; gesamter Brustbereich.
Körperliche Symptome: Disharmonien des Körpers
Beschwerden im Brustbereich, Rückenschmerzen (oberer Rücken).
Seelische Symptome: Disharmonien der Psyche
Ängste, Phobien, Platzangst, Traumata, Helfersyndrom, negative Lebenseinstellung, Blockaden, mangelndes Zeitgefühl, Überheblichkeit.
Wirkung: Zielzustand nach der Behandlung
Zugang zur Wahrheit, Ausdrucksfähigkeit, Erkenntnisfähigkeit, Reaktionsfähigkeit, Verständnis für andere, Erkennen des Lebenssinns, Selbstlosigkeit, Hilfsbereitschaft, Ausdauer, Frieden, gutes Zeitgefühl.

Flasche Nr. 64: Djwal Khul
Farben: Grün über Klar (Meister-Set)

Anwendung: Wo kann die Substanz aufgetragen werden?
Herzchakra; gesamter Herz- und Brustbereich.
Körperliche Symptome: Disharmonien des Körpers
Herzbeschwerden, Beschwerden im Brustbereich.

Seelische Symptome: Disharmonien der Psyche
Angst, Wut, Enttäuschungen, Überempfindlichkeit, Materialismus, Trauer, Desorientiertheit, innere Unruhe, mangelndes Durchsetzungsvermögen, emotionale Probleme, mangelndes Selbstwertgefühl.
Wirkung: Zielzustand nach der Behandlung
Kampfgeist, Zugang zu emotionaler Wahrheit, geistige Weisheit, innerer Frieden, Klarheit, Liebe, Mitgefühl, Erkennen der Lebenslektionen, Integration in den Lebensfluß, gutes Zeitgefühl, Zugang zu den Naturgesetzen, Naturverbundenheit, Entgiftung, Neubeginn.

Flasche Nr. 65: Den Kopf im Himmel und die Füße auf der Erde haben
Farben: Violett über Rot

Anwendung: Wo kann die Substanz aufgetragen werden?
Kronen- und Wurzelchakra; Haaransatz, gesamter Unterbauch, auch Beine und Füße.
Körperliche Symptome: Disharmonien des Körpers
Energiemangel, Rückenschmerzen (unterer Rücken).
Seelische Symptome: Disharmonien der Psyche
Ärger, Wut, Frustration, Kopflastigkeit, Überheblichkeit, Passivität, sexuelle Probleme, materielle Existenzprobleme, Erschöpfung.
Wirkung: Zielzustand nach der Behandlung
Verbindung zum »inneren Kind«, Erdung, Kraft, Gefühlsintensität, Freiheit, Erkennen des eigenen Lebensweges und der Lebensaufgabe, Durchsetzungsvermögen, Disziplin, Optimismus, höhere Grundsätze, Hilfsbereitschaft, geistige Klarheit, Bereitschaft zu Neuerungen, Transformation, Hellsichtigkeit.

Flasche Nr. 66: Die Schauspielerin
Farben: Hellviolett über Hellrosa

Anwendung: Wo kann die Substanz aufgetragen werden?
Kronen- und Wurzelchakra; Haaransatz, gesamter Unterbauch.
Körperliche Symptome: Disharmonien des Körpers
Kopfschmerzen, Schlaflosigkeit, Genitalleiden, Nervosität.
Seelische Symptome: Disharmonien der Psyche
Utopismus, mangelndes Durchsetzungsvermögen, mangelnde Gegenwartsbezogenhei, Überempfindlichkeit, mangelndes Selbstwertgefühl, Unterscheidungsprobleme, alte Konditionierungen, Vernachlässigung des »inneren Kindes«, Nervosität.
Wirkung: Zielzustand nach der Behandlung
Heiterkeit, Sanftmut, Fürsorglichkeit, Selbstlosigkeit, Hilfsbereitschaft, Intuition, Liebe annehmen, Selbstakzeptanz, Verantwortung, Frieden, Mut, Intelligenz, Ganzheitlichkeit, die Rollen des Lebens spielen.

Flasche Nr. 67: Göttliche Liebe
Farben: Magenta über Magenta

Anwendung: Wo kann die Substanz aufgetragen werden?
Alle Chakren; gesamter Körper.
Körperliche Symptome: Disharmonien des Körpers
Erhöhter Adrenalinspiegel, Herzbeschwerden, Wasserstau.
Seelische Symptome: Disharmonien der Psyche
Konzentrationsprobleme, Konkurrenzdenken, Überaktivität, Überreizung, Überempfindlichkeit, Enttäuschungen, Lebensangst, Liebessucht, spirituelle Probleme, Desorientiertheit, Illusionen, sich ungeliebt fühlen, Depressionen.

Wirkung: Zielzustand nach der Behandlung
Zärtlichkeit, Selbsterkenntnis, Geduld, Aufmerksamkeit für Details und Alltäglichkeiten, Spiritualität auf allen Ebenen, Erdverbundenheit, Liebe, Integration in den Lebensfluß, Bewußtsein von der Unsterblichkeit der Seele, Kreativität, Hilfsbereitschaft, Selbstlosigkeit, Sachbezogenheit, Konzentrationsfähigkeit, erhöhte Energie in allen Chakren, Neubeginn.

Flasche Nr. 68: Gabriel
Farben: Blau über Violett

Anwendung: Wo kann die Substanz aufgetragen werden?
Kronen-, Stirn- und Halschakra; Haaransatz, Kopfbereich, gesamter Halsbereich.
Körperliche Symptome: Disharmonien des Körpers
Halsschmerzen, Nervosität.
Seelische Symptome: Disharmonien der Psyche
Probleme, Gefühle auszudrücken, Einsamkeit, Isolationsgefühle, Autoritätsprobleme, Redeschwall, Unsicherheit, Vernachlässigung des »inneren Kindes«, Schuldgefühle, spirituelle Probleme, Lebensangst.
Wirkung: Zielzustand nach der Behandlung
Friede, Ruhe, Geduld, spirituelles Wissen, spirituelle Lebensführung, Herzenswärme, Empfindsamkeit, Zugang zu den schönen Künsten, Ausdrucksfähigkeit, Zugang zu Heilkräften, Organisationstalent, guter Umgang mit Menschen, Klarheit, Konzentrationsfähigkeit, Dynamik, Transformation, Neubeginn.

Flasche Nr. 69: Klingende Glocke
Farben: Magenta über Klar

Anwendung: Wo kann die Substanz aufgetragen werden?
Alle Chakren; gesamter Körper, wo Beschwerden auftreten.
Körperliche Symptome: Disharmonien des Körpers
Augenleiden, Impotenz, Frigidität, Zusammenbrüche.
Seelische Symptome: Disharmonien der Psyche
Frustration, innere Leere, ungeweinte Tränen, sich ungeliebt fühlen, übertriebener Ehrgeiz, Rücksichtslosigkeit, Materialismus, Selbstsucht, Egoismus.
Wirkung: Zielzustand nach der Behandlung
Gefühl für Ästhetik, Kreativität, Erfolg, Glück, Erkennen der Lebensaufgabe, Frieden, Ganzheitlichkeit, Zufriedenheit, Ausgeglichenheit, Hilfsbereitschaft, Ausdrucksfähigkeit, Disziplin, Aufgeschlossenheit, Erweiterung des Selbstbildes, Zugang zu neuen Dimensionen, spirituelles Bewußtsein.

Flasche Nr. 70: Vision von Herrlichkeit
Farben: Gelb über Klar

Anwendung: Wo kann die Substanz aufgetragen werden?
Nabelchakra; gesamter Bereich um den Solarplexus.
Körperliche Symptome: Disharmonien des Körpers
Hautleiden, Eßsucht, Magersucht, Verdauungsprobleme.
Seelische Symptome: Disharmonien der Psyche
Identitätsprobleme, Erstarrung, Passivität, Kopflastigkeit, Verwirrung, Einsamkeit, Sucht nach Lob und Anerkennung, intellektuelle Eitelkeit, Entscheidungsprobleme, Handlungsunfähigkeit, Lebensangst, Minderwertigkeitsgefühle, Unbeteiligtsein.
Wirkung: Zielzustand nach der Behandlung
Ausdrucksfähigkeit, erweitertes Bewußtsein, Öffnung zu höheren Dimensionen, Freude, Geduld, Elan, Selbster-

kenntnis, Aktivität, Zufriedenheit, klarer Intellekt, Ehrlichkeit, Einfühlungsvermögen, Zugang zu altem und neuem Wissen, Liebe zur Philosophie, Naturverbundenheit.

Flasche Nr. 71: Essener Flasche II
Farben: Rosa über Klar

Anwendung: Wo kann die Substanz aufgetragen werden?
Wurzelchakra; gesamter Unterleibsbereich.
Körperliche Symptome: Disharmonien des Körpers
Menstruationsbeschwerden, Genitalleiden.
Seelische Symptome: Disharmonien der Psyche
Ängste, sich ungeliebt fühlen, Unsicherheit, mangelnde Selbstliebe, innere Anspannung, Verdrängungen, Versagersyndrom, Selbstvorwürfe, keine Erfahrungsauswertung, kein Unterscheidungsvermögen, Helfersyndrom.
Wirkung: Zielzustand nach der Behandlung
Selbsterkenntnis, Kreativität, Selbstliebe, Selbstverantwortung, Liebe, Mitgefühl, Selbstlosigkeit, Fürsorge, Nächstenliebe, Bescheidenheit, Intuition, Zärtlichkeit, Bewußtsein von der Herrschaft des Geistes über die Materie, Unterscheidungsvermögen, Öffentlichkeit, Zugang zu Heilkräften (auch über Entfernungen).

Flasche Nr. 72: Der Clown
Farben: Blau über Orange

Anwendung: Wo kann die Substanz aufgetragen werden?
Hals- und Sakralchakra; gesamter Rumpfbereich.
Körperliche Symptome: Disharmonien des Körpers
Impotenz, Frigidität, sexuelle Probleme, sexueller Mißbrauch.

Seelische Symptome: Disharmonien der Psyche
Schock, spiritueller Schock, Abhängigkeit in Beziehungen, Süchte, Sucht nach Lob und Anerkennung, sexuelle Probleme, sexueller Mißbrauch, emotionaler Mißbrauch, Wut, Verbitterung, Probleme, Gefühle auszudrücken, Unterscheidungsprobleme, Egozentrik, Mißtrauen, Naivität.
Wirkung: Zielzustand nach der Behandlung
Humor, Selbstakzeptanz, Verbindung zum »inneren Kind«, Unabhängigkeit, Glück, Zugang zu inneren Wahrheiten und zu den Instinkten, tiefe Einsichten, Demut, Unterscheidungsfähigkeit, Ausdrucksfähigkeit, Zugang zu den schönen Künsten, Dynamik, Elan, Verbindung zum höheren Selbst, Ausgeglichenheit, Harmonie.

Flasche Nr. 73: Chang-Tsu
Farben: Gold über Klar

Anwendung: Wo kann die Substanz aufgetragen werden?
Nabelchakra; gesamter Bauchbereich.
Körperliche Symptome: Disharmonien des Körpers
Verdauungsprobleme, Verstopfung, Wasserstau.
Seelische Symptome: Disharmonien der Psyche
Ängste, Leiden, mangelnde Selbstliebe, Materialismus, Egoismus, übertriebener Ehrgeiz, Freudlosigkeit, zu hoch gesteckte Ziele, Leben im Außen, alte Konditionierungen, mangelndes Körperbewußtsein, sexuelle Probleme, mangelnde Selbstliebe, Passivität, Sucht nach Anerkennung.
Wirkung: Zielzustand nach der Behandlung
Unabhängigkeit, Unterscheidungsvermögen, Gemeinschaftssinn, Freigebigkeit, Klarheit, Wissen, Selbsterforschung, inneres Licht, klarer Verstand, Ausdrucksfähigkeit.

Flasche Nr. 74: Der Triumph
Farben: Hellgelb über Hellgrün

Anwendung: Wo kann die Substanz aufgetragen werden?
Herz- und Nabelchakra; gesamter Herzbereich, gesamter Bereich um den Solarplexus, verkrampfte Stellen.
Körperliche Symptome: Disharmonien des Körpers
Hautprobleme, Störungen im vegetativen Nervensystem, Verdauungsstörungen, Krämpfe, Krampfadern.
Seelische Symptome: Disharmonien der Psyche
Sucht nach Lob und Anerkennung, emotionale Probleme, Armutsängste, Erwartungsängste, Egozentrik, Probleme, Gefühle auszudrücken, Enttäuschungen, Vorurteile, Gefühllosigkeit gegenüber anderen, Unbeteiligtsein, kein klares Selbstverständnis, verzerrtes Selbstbild, Selbstvorwürfe, mangelndes Unterscheidungsvermögen, alte Konditionierungen.
Wirkung: Zielzustand nach der Behandlung
Zugang zu Wissen und Wahrheit, Selbsterkenntnis, Ausdrucksfähigkeit, Erkennen des Lebenssinns, Glück, Fröhlichkeit, Frieden, Harmonie, Wärme, Liebe, emotionale Ausgeglichenheit, Großzügigkeit, Öffnung, Veränderung, Neubeginn.

Flasche Nr. 75: Mit dem Fluß gehen
Farben: Magenta über Türkis

Anwendung: Wo kann die Substanz aufgetragen werden?
Alle Chakren; gesamter Körper.
Körperliche Symptome: Disharmonien des Körpers
Arthritis, Rheuma, Nackenschmerzen, chronische Schmerzen.
Seelische Symptome: Disharmonien der Psyche
Wut, innere Konflikte, unbewußte Ängste, Blockaden, Kopflastigkeit, mangelnde Selbstliebe, negative Lebenseinstel-

lung, Selbstqual, Selbstzerstörung, Opferrolle, negative Egozentrik (»nur mir passiert Schlechtes«), mangelnde Gegenwartsbezogenheit, Verzweiflung, Leiden, Illusionen, Probleme, Gefühle auszudrücken.

Wirkung: Zielzustand nach der Behandlung

Kreativität, Detailfreude, Aktivität, breiter Horizont, tiefe Selbsterkenntnis, Liebe, Selbstakzeptanz, Erkennen des eigenen Lebenswegs, Kraft, Mut, Dynamik, Zielorientiertheit, Hilfsbereitschaft, körperliche Energie, Ausdrucksfähigkeit, Spiritualität, Gefühlsintensität.

Flasche Nr. 76: Vertrauen
Farben: Rosa über Gold

Anwendung: Wo kann die Substanz aufgetragen werden?

Nabel- und Wurzelchakra; gesamter Rumpf, gesamter Unterleib.

Körperliche Symptome: Disharmonien des Körpers

Störungen im Hormonsystem, Verdauungsprobleme, Verstopfung, Wasserstau.

Seelische Symptome: Disharmonien der Psyche

Selbstsucht, Egoismus, Egozentrik, Überaktivität, sich ungeliebt fühlen, Probleme, Gefühle auszudrücken, Ängste, Angst vor Nähe, Verwirrung, mangelnde Selbstliebe, Mißbrauch, Sinnkrise, Lebensunlust, innere Anspannung, Rücksichtslosigkeit.

Wirkung: Zielzustand nach der Behandlung

Klarheit im Denken, Konzentrationsfähigkeit, Ausdrucksfähigkeit, Integration in den Lebensfluß, das Innere nach außen manifestieren, Sanftmut, Nachsicht, Zärtlichkeit, Bescheidenheit, Erfolg, großes Talent, Unabhängigkeit, Selbstbestimmung, Selbstliebe, Selbstakzeptanz, intuitive Weisheit, Zugang zu altem Wissen, Hingabe, Fähigkeit zu Zeitreisen, Hellsichtigkeit.

Flasche Nr. 77: Der Kelch
Farben: Klar über Magenta

Anwendung: Wo kann die Substanz aufgetragen werden?
Alle Chakren; gesamter Körper.
Körperliche Symptome: Disharmonien des Körpers
Störungen im Hormonsystem, Verstopfung, Wasserstau.
Seelische Symptome: Disharmonien der Psyche
Liebessucht, sich ungeliebt fühlen, sexuelle Probleme, Dogmatismus, Egoismus, Selbstsucht, Rücksichtslosigkeit, Utopismus, Illusionen, Verwirrung, Manipulation, Unterscheidungsprobleme.
Wirkung: Zielzustand nach der Behandlung
Unterscheidungsfähigkeit, körperliche Energie, sportliche Fähigkeiten, Charisma, Klarheit, Ausdrucksfähigkeit, Spiritualität, Nächstenliebe, Gemeinschaftssinn, Humor, Erkennen der Lebensaufgabe, Gottverbundenheit, Einklang mit höheren Rhythmen, Kontakt zu höheren Dimensionen.

Flasche Nr. 78: Kronen-Notflasche (spirituelle Notflasche)
Farben: Violett über Tiefmagenta

(Diese Flasche ist als erste »neue« Flasche nach Vicky Walls Tod entstanden.)

Anwendung: Wo kann die Substanz aufgetragen werden?
Kronenchakra; Fontanelle, Haaransatz, Kopfbereich, Stirnbereich, Halsbereich.
Körperliche Symptome: Disharmonien des Körpers
Kopfschmerzen, Migräne, akute und chronische Schmerzen, Rückenschmerzen, Verletzungen, Verbrennungen, Quetschungen, Durchfall, Ischias, Bronchitis, Bluthochdruck.

Seelische Symptome: Disharmonien der Psyche
Freudlosigkeit, Überempfindlichkeit, Vernachlässigung des »inneren Kindes«, negative Egozentrik (»nur mir passiert Schlechtes«), Vorurteile, Unzufriedenheit, Genußsucht, Materialismus, ungenügende Auswertung von Erfahrungen, verzerrtes Selbstbild, Trauer, spirituelle Probleme, Blockaden, alte Konditionierungen.
Wirkung: Zielzustand nach der Behandlung
Selbsterkenntnis, Selbstverwirklichung, Zugang zu höherem Bewußtsein, Verbindung zum »inneren Kind«, Kenntnis der Karmagesetze, Ganzheitlichkeit, gutes Zeitgefühl, Konzentrationsfähigkeit, erweiterte Sinneswahrnehmung, Zugang zu altem Wissen, Zugang zur Ebene des Unterbewußtseins, Erkennen der Lebensaufgabe, Willenskraft, Bewußtsein von der Unsterblichkeit der Seele, Transformation, Kontakt mit höheren Wesen, Freude, Demut.

Flasche Nr. 79: Die Straußflasche
Farben: Orange über Violett

Anwendung: Wo kann die Substanz aufgetragen werden?
Kronen- und Sakralchakra; Haaransatz, Kopfbereich, gesamter Unterleib.
Körperliche Symptome: Disharmonien des Körpers
Verdauungsprobleme, Durchfall, sexuelle Probleme.
Seelische Symptome: Disharmonien der Psyche
Schock, spiritueller Schock, Schuldgefühle, Überemotionalität, Verdrängungen, Enttäuschungen, Trennungsprobleme, Süchte (»Suchthelfer«), Abhängigkeit in Beziehungen, Unselbständigkeit, Haltlosigkeit, Lebensangst, sexuelle Probleme, Trauer, mangelnde Gegenwartsbezogenheit, Unversöhnlichkeit, alte Konditionierungen.

Wirkung: Zielzustand nach der Behandlung
Selbstliebe, Freude, Unabhängigkeit, Ausgeglichenheit, Erkennen der Lebensaufgabe, Zugang zu Gefühlen, Spiritualität, Glück, höhere Erkenntnisse, Hilfsbereitschaft, Selbstlosigkeit, Nächstenliebe, inneres Wachstum.

Flasche Nr. 80: Artemis
Farben: Rot über Rosa

Anwendung: Wo kann die Substanz aufgetragen werden?
Wurzelchakra; gesamter Unterleibsbereich.
Körperliche Symptome: Disharmonien des Körpers
Störungen im Hormonsystem, erhöhter Adrenalinspiegel, Energiemangel.
Seelische Symptome: Disharmonien der Psyche
Aggressionen, Wut, Energielosigkeit, Erschöpfung, Frustrationen, sexuelle Probleme, mangelnde Integration des weiblichen Aspekts, sich ungeliebt fühlen, Trennungsprobleme, alte Konditionierungen, Existenzängste, Mißtrauen, Vertrauensmangel, Vernachlässigung des »inneren Kindes«, Isolationsgefühle, mangelndes Selbstwertgefühl, mangelnde Selbstliebe.
Wirkung: Zielzustand nach der Behandlung
Kreativität, Erfolg, materieller und spiritueller Reichtum, Energie, Kraft, Mut, Stärke, Verantwortungsbewußtsein, Selbstverwirklichung, Intuition, Herzenswärme, Nächstenliebe, Hilfsbereitschaft, Fürsorge, Liebe, Selbstliebe, Zugang zu den schönen Künsten.

Flasche Nr. 81: Bedingungslose Liebe
Farben: Rosa über Rosa

Anwendung: Wo kann die Substanz aufgetragen werden?
Wurzelchakra; gesamter Unterleibsbereich.
Körperliche Symptome: Disharmonien des Körpers
Störungen im Hormonsystem, Magersucht, Eßsucht (hormonell bedingtes Übergewicht).
Seelische Symptome: Disharmonien der Psyche
Mangelnde Integration des weiblichen Aspekts, Verfolgungsängste, emotionale Schwierigkeiten, sich ungeliebt fühlen, Beziehungsprobleme, mangelnde Selbstliebe, Lebensangst, Passivität, Handlungsunfähigkeit.
Wirkung: Zielzustand nach der Behandlung
Selbstakzeptanz, Selbstliebe, Wärme, bedingungslose Liebe, Zärtlichkeit, Mitgefühl, Hilfsbereitschaft, Gefühlsintensität, Ausdrucksfähigkeit, Konzentrationsfähigkeit, Intuition, intuitives Handeln, Horizonterweiterung, Energie, Elan, Spontaneität.

Flasche Nr. 82: Calypso
Farben: Grün über Orange

Anwendung: Wo kann die Substanz aufgetragen werden?
Herz- und Sakralchakra; gesamter Brustbereich, gesamter Unterbauch.
Körperliche Symptome: Disharmonien des Körpers
Asthma, Bronchitis, Herzbeschwerden, Leberprobleme, Vergiftungen.
Seelische Symptome: Disharmonien der Psyche
Depressionen, Egozentrik, unbewußte Ängste, emotionale Schocks, Traumata, Hoffnungslosigkeit, spirituelle Probleme, Enttäuschungen, alte Konditionierungen, Selbstbetrug, Lügen, Süchte.

Wirkung: Zielzustand nach der Behandlung
Weisheit, Wissen, neue Einsichten, Freude, Klarheit der Gefühle, Gefühlstiefe, Ausdrucksfähigkeit, Erkennen des Lebenswegs, Vertrauen, Glück, Naturliebe, Naturverständnis, Neubeginn.

Flasche Nr. 83: Sesam öffne dich!
Farben: Türkis über Gold

Anwendung: Wo kann die Substanz aufgetragen werden?
Herz-, Nabel- und Sakralchakra; gesamter Brustbereich, gesamter Rumpfbereich.
Körperliche Symptome: Disharmonien des Körpers
Störungen des vegetativen Nervensystems und des Blutzuckerspiegels, Diabetes.
Seelische Symptome: Disharmonien der Psyche
Depressionen, Erwartungsängste, Verfolgungsängste, Blockaden, Manipulation, Intrigantentum, Rücksichtslosigkeit, Egoismus, Machthunger, übertriebener Ehrgeiz, unbewußte Ängste, mangelnde Gegenwartsbezogenheit, alte Konditionierungen, spirituelle Probleme, Verwirrung.
Wirkung: Zielzustand nach der Behandlung
Kreativität, Glück, Lebensfreude, Verantwortungsbewußtsein, Kampfgeist, Zugang zu altem Wissen, Intelligenz des Herzens, Ausdrucksfähigkeit, Zugang zu Visionen, Umsetzungsvermögen, Informationsaustausch, Kommunikationsfähigkeit, Verbindung zum Mineralreich.

Flasche Nr. 84: Kerze im Wind
Farben: Rosa über Rot

Anwendung: Wo kann die Substanz aufgetragen werden?
Wurzelchakra; gesamter Unterleibsbereich.
Körperliche Symptome: Disharmonien des Körpers
Störungen im Hormonsystem, sexuelle Probleme, Frigidität, Impotenz, Blutarmut.
Seelische Symptome: Disharmonien der Psyche
Wut, Enttäuschung, Frustration, alte Konditionierungen, sich ungeliebt fühlen, mangelnde Integration des weiblichen Aspekts, sexuelle Probleme.
Wirkung: Zielzustand nach der Behandlung
Charisma, Selbstakzeptanz, Selbstliebe, Selbstverständnis als Teil des Kosmos, Dynamik, Energie, Spiritualität, Selbstlosigkeit, Menschlichkeit, Gemeinschaftssinn, Nächstenliebe, Fürsorge, Erdung, Intuition, Stille.

Flasche Nr. 85: Titania
Farben: Türkis über Klar

Anwendung: Wo kann die Substanz aufgetragen werden?
Herzchakra; gesamter Herz- und Brustbereich.
Körperliche Symptome: Disharmonien des Körpers
Entzündungen, Herzbeschwerden, Bronchitis, Beschwerden im Brustbereich, Lungenbeschwerden, Rekonvaleszenz nach Operationen, nach Diäten.
Seelische Symptome: Disharmonien der Psyche
Wut, mangelnde Integration des männlichen Aspekts, Probleme, den Gefühlen Ausdruck zu verleihen, Vernachlässigung des »inneren Kindes«, alte Konditionierungen, emotionale Schwierigkeiten, Blockaden, Sprachprobleme, Lampenfieber, Phobien (Technophobie).

Wirkung: Zielzustand nach der Behandlung
Kreativität, Liebe zum Leben, Großzügigkeit, Verbindung zum höheren Selbst, Ausdrucksfähigkeit, vollständige Verwirklichung in der Kunst.

Flasche Nr. 86: Oberon
Farben: Klar über Türkis

Anwendung: Wo kann die Substanz aufgetragen werden?
Herzchakra; Haaransatz, Kopfbereich, gesamter Brustbereich.
Körperliche Symptome: Disharmonien des Körpers
Hautleiden, Herzbeschwerden, Entzündungen, Hautausschlag im Brustbereich, Sonnenbrand, zuviel Computerarbeit.
Seelische Symptome: Disharmonien der Psyche
Streß, emotionale Probleme, Isolationsgefühle, Einsamkeit, Kontaktprobleme (auch bei Kindern), Integrationsprobleme, Blockaden, Gefühllosigkeit, mangelndes Durchsetzungsvermögen, Kommunikationsprobleme, ungeweinte Tränen.
Wirkung: Zielzustand nach der Behandlung
Kreativität, Zugang zu Weisheit aus der Vergangenheit und zu spirituellen Wahrheiten, Konzentrationsfähigkeit, Ausdrucksfähigkeit, Selbsterkenntnis, Altruismus, Kommunikationsfähigkeit, Fähigkeit, andere zu lehren.

Flasche Nr. 87: ohne Namen
Farben: Koralle über Koralle

Anwendung: Wo kann die Substanz aufgetragen werden?
Sakralchakra, gesamter Unterleibsbereich.

Körperliche Symptome: Disharmonien des Körpers
Erhöhter Adrenalinspiegel, Kreislaufbeschwerden, Magenleiden, Darmprobleme, Verdauungsprobleme, Gallenblasenprobleme.
Seelische Symptome: Disharmonien der Psyche
Mißtrauen, sich ungeliebt fühlen, unerwiderte Liebe, Vertrauensmangel, Enttäuschungen, mangelnde Selbstliebe, alte Konditionierungen, Schock, Mißbrauch.
Wirkung: Zielzustand nach der Behandlung
Gefühl für Ästhetik, Verständnis für andere, Fähigkeit, anderen zuzuhören, Fürsorge, Hilfsbereitschaft, Erdung, Freude, Konzentrationsfähigkeit, Energie, Effizienz, Organisationstalent, Verantwortung, Liebe, Weisheit, mediale Fähigkeiten, Technikverständnis.

Flasche Nr. 88: Der Jade-Herrscher
Farben: Grün über Blau

Anwendung: Wo kann die Substanz aufgetragen werden?
Hals- und Herzchakra; gesamter Halsbereich, Nacken, Schultern, gesamter Brustbereich.
Körperliche Symptome: Disharmonien des Körpers
Bronchitis, Herzbeschwerden, Schulterleiden, Nackenprobleme, Rückenschmerzen (oberer Rücken), Beschwerden im Brustbereich; hilfreich bei Diäten und Nahrungsumstellungen.
Seelische Symptome: Disharmonien der Psyche
Blockaden, mangelnde Gegenwartsbezogenheit, Weltschmerz, innere Konflikte, Eifersucht, Neid, Probleme, Gefühle auszudrücken, Kommunikationsprobleme, hochgesteckte Ziele, Überheblichkeit, Kritiksucht, mangelnde Integration des männlichen Aspekts, Identifikationsprobleme mit der eigenen Männlichkeit (bei Männern), Beziehungsprobleme.

Wirkung: Zielzustand nach der Behandlung
Wahrheitsliebe, Kreativität, Ausdrucksfähigkeit, innere Harmonie, Frieden, zwischenmenschlicher Frieden, Altruismus, Kampfgeist, Verständnis für andere, Wachstum, Herzenswärme, klarer Verstand, Bewußtsein von der Unsterblichkeit der Seele, Liebe zum Leben, Liebe zur Natur und zu Reisen, Zugang zum spirituellen Weg, Zugang zu den schönen Künsten.

Flasche Nr. 89: Energie-Notflasche
Farben: Rot über Tiefmagenta

(Diese Flasche ist nach Vicky Walls Tod entstanden, am 26. Juli 1992.)

Anwendung: Wo kann die Substanz aufgetragen werden?
Wurzelchakra; gesamter Unterleib.
Körperliche Symptome: Disharmonien des Körpers
Frigidität, Impotenz, sexuelle Probleme, Störungen im Immunsystem, Energielosigkeit, Lethargie; nach Elektroschocks.
Seelische Symptome: Disharmonien der Psyche
Wut, Frustrationen, Rechtfertigungszwang, mangelndes Selbstwertgefühl, mangelndes Durchsetzungsvermögen, Gefühllosigkeit, Egozentrik, Haltlosigkeit, mangelnde Selbstliebe, mangelndes Selbstverständnis, emotionale Schwierigkeiten, Energiemangel, sexuelle Probleme, Beziehungsprobleme.
Wirkung: Zielzustand nach der Behandlung
Elan, Selbsterkenntnis, Selbstakzeptanz, inneres Wachstum, Dynamik, Durchsetzungsvermögen, Erwachen der Kundalini, Energie, Zugang zu Heilkräften, Horizonterweiterung, höheres Bewußtsein, gutes Zeitgefühl.

Flasche Nr. 90: Weisheit-Notflasche
Farben: Gold über Tiefmagenta

Anwendung: Wo kann die Substanz aufgetragen werden?
Alle Chakren; gesamter Rumpfbereich.
Körperliche Symptome: Disharmonien des Körpers
Hautleiden, Magenleiden, Verdauungsbeschwerden, Leberprobleme, Funktionsstörungen der Bauchspeicheldrüse, Nervosität, Störungen im Nervensystem.
Seelische Symptome: Disharmonien der Psyche
Ängste, Nervosität, Erschöpfung, Überreizung, Verwirrung, mangelndes Selbstwertgefühl, Selbstzweifel, Selbstvorwürfe, Unsicherheit, Mißtrauen, Verantwortungslosigkeit, Manipulation, Machthunger, inneres Chaos.
Wirkung: Zielzustand nach der Behandlung
Selbstakzeptanz, Selbsterkenntnis, Weisheit, Zugang zu altem Wissen, Ausdrucksfähigkeit, Hoffnung, Freude, Verantwortungsgefühl, Hilfsbereitschaft, Fähigkeit, andere zu lehren, Gottvertrauen, universelle Liebe und Harmonie, Zugang zur Magie, Transformation, Neubeginn.

Flasche Nr. 91: Weibliche Führerschaft
Farben: Olivgrün über Olivgrün

Anwendung: Wo kann die Substanz aufgetragen werden?
Herz- und Nabelchakra; gesamter Brustbereich, gesamter Bauchbereich, auch Nieren.
Körperliche Symptome: Disharmonien des Körpers
Nierenprobleme (Entgiftung), Rückenschmerzen (mittlerer Rücken), Beschwerden der Wirbelsäule, Krämpfe, Herzbeschwerden, Angina pectoris, Beschwerden im Brustbereich.
Seelische Symptome: Disharmonien der Psyche
Ängste, Phobien, Bitterkeit, Unzufriedenheit, Neid, negative Lebenseinstellung, Konkurrenzdenken, Versagersyn-

drom, emotionale Schwierigkeiten, Probleme, Gefühle auszudrücken, Freudlosigkeit, Kopflastigkeit, Enttäuschung, Hoffnungslosigkeit, Kritiksucht.

Wirkung: Zielzustand nach der Behandlung

Offenherzigkeit, Herzenswärme, geerdete Spiritualität, Integration in den Lebensfluß, praktische Fähigkeiten, Gefühlsstärke, Dynamik, Kampfgeist, Optimismus, Bescheidenheit, klarer Intellekt, Zugang zu Logik und Wissenschaft, Erfahrungswissen, Wahrheit, Zugang zu den Mysterien, Klarheit, Hoffnung, Dienst an der Welt, Naturverständnis, Kenntnis der Naturgesetze.

Flasche Nr. 92: Gretel-Flasche
Farben: Koralle über Olivgrün

(Diese Flasche ist nach Vicky Walls Tod entstanden.)

Anwendung: Wo kann die Substanz aufgetragen werden?

Herz- und Wurzelchakra; gesamter Rumpfbereich.

Körperliche Symptome: Disharmonien des Körpers

Krämpfe, Verdauungsbeschwerden, Verstopfung, Herzbeschwerden.

Seelische Symptome: Disharmonien der Psyche

Ängste, Unzufriedenheit, Neid, emotionale Probleme, Isolationsgefühle, Konkurrenzdenken, innere Anspannung, Probleme, Gefühle auszudrücken, mangelnde Integration des weiblichen Aspekts, Identifikationsprobleme mit der eigenen Weiblichkeit (bei Frauen), Freudlosigkeit.

Wirkung: Zielzustand nach der Behandlung

Liebe, Weisheit, Zugang zu höherem Bewußtsein, Herzenswärme, Gefühlsausdruck, Kommunikationsfähigkeit, Freude, Liebe, innere Harmonie, Gemeinschaftssinn, Hilfs-

bereitschaft, Gerechtigkeit, Verständnis, Kenntnis der kosmischen Gesetze, Naturliebe.
Während die Maid-Marion-Flasche das alte weibliche Rollenbild widerspiegelt, ist die Gretel-Flasche Symbol für die neue, transformierte weibliche Rolle.

Flasche Nr. 93: Hänsel-Flasche
Farben: Koralle über Türkis

(Diese Flasche ist nach Vicky Walls Tod entstanden.)

Anwendung: Wo kann die Substanz aufgetragen werden?
Herz- und Wurzelchakra; gesamter Brustbereich, gesamter Unterleib.
Körperliche Symptome: Disharmonien des Körpers
Herzbeschwerden, Bronchitis, Beschwerden im Brustbereich, Verdauungsprobleme.
Seelische Symptome: Disharmonien der Psyche
Ängste, Eifersucht, Konkurrenzdenken, Selbstbetrug, Illusionen, Autoritätsprobleme, Festhalten an überlebten Grundsätzen, Blockaden, mangelndes Selbstverständnis, Identifikationsprobleme mit der eigenen Männlichkeit (bei Männern), mangelnde Integration der männlichen Aspekte.
Wirkung: Zielzustand nach der Behandlung
Kreativität, Ausdrucksfähigkeit, Frieden, Kenntnis der kosmischen Gesetze, Verbindung zum höheren Selbst, neues Selbstverständnis, Intelligenz des Herzens, Herzenswärme, klarer Verstand, Ganzheitlichkeit, Zusammenwirken von Verstand und Gefühl.

Während die Robin-Hood-Flasche das alte männliche Rollenbild widerspiegelt, ist die Hänsel-Flasche Symbol für die neue, transformierte männliche Rolle.

Flasche Nr. 94: Erzengel Michael
Farben: Hellblau über Hellgelb

(Diese Flasche ist nach Vicky Walls Tod entstanden.)

Anwendung: Wo kann die Substanz aufgetragen werden?
Hals-, Herz- und Nabelchakra; gesamter Brustraum, gesamter Bauchbereich.
Körperliche Symptome: Disharmonien des Körpers
Störungen im (vegetativen) Nervensystem, Nervosität, Hautleiden, Hautausschlag im Brustbereich, Beschwerden im Brustbereich, Herzbeschwerden.
Seelische Symptome: Disharmonien der Psyche
Ängste, Freudlosigkeit, Nervosität, Überreizung, Identitätsprobleme, Desorientiertheit, spirituelle Probleme, Entscheidungsprobleme, verzerrtes Selbstbild, Selbstzweifel, Sinnkrise, Unbeteiligtsein, Vertrauensmangel.
Wirkung: Zielzustand nach der Behandlung
Liebe, Freude, Kommunikationsfähigkeit, Vertrauen, Erkennen des Lebenswegs, Gottvertrauen, Mitgefühl, Altruismus, Kampfgeist, Selbstverständnis als Teil des Kosmos, Zugang zu höheren Ebenen, Spiritualität.

Flasche Nr. 95: Erzengel Gabriel
Farben: Magenta über Gold

(Diese Flasche ist nach Vicky Walls Tod entstanden.)

Anwendung: Wo kann die Substanz aufgetragen werden?
Alle Chakren; gesamter Körper.
Körperliche Symptome: Disharmonien des Körpers
Verspannungen, Rückenschmerzen in allen Bereichen, Probleme mit der Wirbelsäule, Nackenschmerzen, Magenleiden, akute und chronische Schmerzen.

Seelische Symptome: Disharmonien der Psyche
Glaubensprüfungen, »Rückgrat«-Probleme im übertragenen Sinne: mangelndes Selbstwertgefühl, Ängste, innere Anspannung, mangelndes Durchsetzungsvermögen, Entscheidungsprobleme, Minderwertigkeitsgefühle, Selbstqual, Unsicherheit.
Wirkung: Zielzustand nach der Behandlung
Kreativität, Selbsterkenntnis, Erkenntnis des Göttlichen im Alltag, Verbindung zum höheren Selbst, kosmische Ganzheit, Vertrauen in göttliche Führung, Wahrhaftigkeit, Aufrichtigkeit, Erkennen der Lebensaufgabe, Annehmen der Lernschritte, Zugang zu Wissen, schöpferische Fähigkeiten, Heilung der Seele, Zugang zu höheren Ebenen, höhere Gerechtigkeit.

Die Pomander

Diese Aura-Soma-Substanzen sind für die Aura bestimmt.

- Die Pomanderflüssigkeiten bestehen aus einer **Wasser-Alkohol-Mischung**.
- Es sind immer die gleichen **49 Kräuteressenzen** in jedem Pomander enthalten. Lediglich das Mengenverhältnis der 49 Kräuter untereinander ist bei jedem Pomander verschieden.
- Die Pomanderfläschchen haben jeweils nur eine Farbe.
- Die Edelsteinenergien sind, wie bei den Balance-Flaschen, durch kabbalistische Gebete eingeleitet worden.
- Die Pomander wirken schnell, meist innerhalb weniger Sekunden.
- Der Gebrauch ist nicht, wie bei den Balance-Flaschen, auf einen Benutzer eingeschränkt. Von den Pomandern können Sie ohne energetische Probleme »abgeben«.
- Die Pomander werden hauptsächlich nach dem Duft und nach der intuitiven Affinität ausgewählt.
- Die Pomander können, unabhängig davon, welche Aura-Soma-Balance-Flaschen gerade benutzt werden, zusätzlich angewandt werden.
- Die Pomanderflüssigkeiten werden normalerweise nicht direkt auf den Körper aufgetragen, sondern in die Aura gefächelt. Es gibt jedoch auch direkte körperliche Anwendungsmöglichkeiten.

Die Zahl 49, als Multiplikationsprodukt aus 7 × 7, ist eine bedeutsame Zahl in der Zahlenmystik. Zugleich spiegelt sich ein persönliches Verhältnis aus Vicky Walls Leben wider. Sie war das 7. Kind, ebenso wie ihr Vater das 7. Kind war. In der Zahlenmystik haben sowohl Quersummen als auch Multiplikationen einen hohen Bedeutungswert.

Die Anwendung der Pomander

Nur bei den Balance-Flaschen gibt es die persönliche energetische Prägung. Die Pomander und die Quintessenzen können von mehreren Anwendern benutzt werden.
So gehen Sie dabei vor:

- Für die Pomander gibt es keinen speziellen Griff. Nehmen Sie einfach das Fläschchen in die rechte Hand und geben Sie **drei Tropfen** auf die **linke Handfläche**.
- Die Tropfen werden zwischen den Handflächen verrieben.
- Da die Pomander Energie für die Aura enthalten, muß diese nun in Ihr Energiefeld eingefächelt werden.
- Stellen Sie sich am besten gerade hin, die Beine etwas auseinander, für einen festen Stand.
- Beginnen Sie vor Ihrer Stirn, in einem Abstand von ca. einer Handbreite, zum Körper hin zu fächeln. Sie sollten beim Fächeln einen erfrischenden Luftzug spüren, wie bei einem Papierfächer an einem warmen Sommertag.
- Fächeln Sie vom Kopf bis zu den Füßen Ihren ganzen Körper ein. Soweit es Ihnen möglich ist, fächeln Sie auch auf der Rückseite des Körpers. Anschließend von den Füßen wieder zurück und in weitem Bogen über dem Kopf.
- Geben Sie in Gedanken auch der Erde etwas von dieser Schutzenergie ab.
- Am Ende nehmen Sie die Hände vor Ihre Nase und atmen dreimal tief den Duft ein.

Der Energieschutz der Pomander beginnt meist innerhalb weniger Sekunden zu wirken. Die Wirkung hält ungefähr zwei bis drei Stunden an. Sie können den Pomander jedoch ganz nach Empfinden auch öfter anwenden oder erneuern.

Denken Sie jedoch daran, die roten Pomander nicht zu spät am Tag zu benutzen. Die hohe Energiezufuhr könnte sonst zu Schlafstörungen führen.

Die Wirkung der Pomander

Eine Störung des inneren Gleichgewichts zieht sich durch alle Ebenen der Lebensenergie. Die Balance-Substanzen wirken auf die körperlichen Auswirkungen der seelischen Unausgewogenheit. In einer Art Rückkopplung führen sie mit der Milderung der körperlichen Symptomen auch die seelische Harmonisierung herbei.

Doch das Unwohlsein zeigt sich ebenso durch energetische Störungen in der Aura. Die Pomander helfen in diesem individuellen Energiefeld Ausgeglichenheit herzustellen.

Das Energiefeld des menschlichen Körpers ist außerdem eine Art Energieschleuse zwischen der individuellen momentanen Seelenverfassung und der Energie der Umwelt. Auch wenn sich ein Mensch frisch und voller Elan fühlt, können durch äußere Einflüsse negative Energien an ihn herangetragen werden, die das seelische Gleichgewicht stören. In diesem Zusammenhang sollen die Pomander wirksam sein.

Die Pomanderenergie wirkt wie ein Schutzschild gegen äußere Einflüsse. Die Aura wird mit einem zusätzlichen energetischen Puffer versehen.

Aufgrund dieser Wirkweise sind die Pomander als gut transportable Plastikflaschen konzipiert, die mitgenommen werden können, sei es in der Hand- oder Hosentasche.

Haben Sie z. B. eine vermutlich streßige und unangenehme Konferenz vor sich, können Sie vorher einen Pomander Ihrer Wahl in Ihre Aura fächeln. So soll verhindert werden, daß die negativen Energien zu dicht an Sie herankommen, daß sie vielmehr vor Ihrer Aura Halt machen. Positive oder zu Ihrer Aura passende Energien werden durchgelassen.

Die Pomander können nicht nur zur energetischen Reinigung der eigenen Aura, sondern auch von Räumen sowie zur Klärung der zwischenmenschlichen Atmosphäre benutzt werden. Weitere Anwendungsformen sind möglich. Die Aura-Soma-Substanzen sind ein offenes System. Sie können intuitiv angewandt oder in jede Form der Heilarbeit eingebunden werden.

Die Stichworte der angegebenen Störungen entsprechen den Stichworten, die auch bei den Balance-Flaschen verwandt wurden.

Flasche Nr. 1: Der weiße Pomander

Duftnote: Medizinkräuter.
Edelsteinenergie: Bergkristall.
Körperliche Symptome: Wunden, Verletzungen aller Art, Insektenstiche, Allergien, Nebenhöhlenerkrankungen.
Energetische Störungen: Alle Strahlungen, z.B. Elektrosmog.
Energie-Wirkung: Schützt und reinigt: alle Chakren und die eigene Aura, die Aura anderer Menschen, Räume, Aura-Soma-Substanzen, Edelsteine.

Flasche Nr. 2: Der rosa Pomander

Duftnote: Rose.
Edelsteinenergie: Rosenquarz, rosa Turmalin.

Körperliche Symptome: Störungen im Hormonsystem, erhöhter Adrenalinspiegel.
Energetische Störungen: Aggressionen, zwischenmenschliche Spannungen.
Energie-Wirkung: Schützt vor Aggression von außen; harmonisiert Gruppensituationen; bringt Wärme, Liebe und Entspannung; schützt in neuen Entwicklungsphasen die eigene Aura.

Flasche Nr. 3: Der dunkelrote Pomander

Duftnote: Gewürze.
Edelsteinenergie: Granat, Rubin.
Körperliche Symptome: Probleme mit Knochengerüst, Wirbelsäule, Rücken.
Energetische Störungen: Streß, Erdstrahlungen, übermäßige Kristallenergie, innere Spannungen, Erschöpfung, Ängste, Existenzängste.
Energie-Wirkung: Erdung, intensive Energiezufuhr, Wärme; starker Schutz der Aura, gleicht Spannungen im Energiefeld des Körpers aus; schützt und reinigt Räume; aphrodisierend

☛ Nicht am späten Nachmittag oder am Abend benutzen. Die Energiezufuhr durch das Rot könnte evtl. zu Schlafstörungen führen.

Flasche Nr. 4: Der rote Pomander

Duftnote: Orientalische Gewürze.
Edelsteinenergie: Granat, Rubin.

Körperliche Symptome: Kreislaufprobleme, Störungen im Hormonsystem.
Energetische Störungen: Ärger, Aggressivität, Enttäuschung.
Energie-Wirkung: Harmonie, Erdung, Gefühlsausdruck, Liebe.

☛ Nicht am späten Nachmittag oder am Abend benutzen. Die Energiezufuhr durch das Rot könnte evtl. zu Schlafstörungen führen.

☛ Der rote Pomander ist eine schwächere Form des dunkelroten Pomanders. Beide haben dieselben Anwendungsgebiete. Für den »alltäglichen« Streß oder Ärger paßt die mildere Form besser. Der dunkelrote Pomander sollte eher in extremen Fällen benutzt werden.

Flasche Nr. 5: Der orange Pomander

Duftnote: Orientalische Frische.
Edelsteinenergie: Topas, Tigerauge.
Körperliche Symptome: Ausscheidungsprobleme (Blase, Niere, Darm), Beschwerden im Genitalbereich und im Bereich des Sakralchakras.
Energetische Störungen: Schocks, Traumata, Phobien, Ängste, Störungen im Hormonsystem, Umstellung in den Wechseljahren und der Pubertät, Hysterie, Überaktivität, Süchte aller Art (»Suchthelfer«).
Energie-Wirkung: Entspannung, Klarheit, Gelassenheit, Lebensfreude; reinigt und schließt die Aura nach Schocks; aphrodisierend.

Flasche Nr. 6: Der goldene Pomander

Duftnote: Waldwiese.
Edelsteinenergie: Gold, Zitrin.
Körperliche Symptome: Verdauungsprobleme, Hautleiden, Stoffwechselprobleme.
Energetische Störungen: Isolationsgefühle, Ängste, Einsamkeit, Depressionen, Süchte.
Energie-Wirkung: Lebensfreude, verbessertes Selbstwertgefühl, innere Weisheit, Spiritualität, Verbindung zu höherer Führung, Intuition, Demut, individuelle Ganzheit auf allen Ebenen.

Flasche Nr. 7: Der gelbe Pomander

Duftnote: Zitrone.
Edelsteinenergie: Topas, Zitrin.
Körperliche Symptome: Störungen im Nervensystem, nervlich bedingte Organprobleme.
Energetische Störungen: Depressionen, Winterdepressionen, Nervosität, Überreizung, Ängste.
Energie-Wirkung: Verbesserte Sinneswahrnehmung, Lebensfreude, Gegenwartsbezogenheit, Energie dosieren lernen; Vertrauen in sich selbst, das Leben und Gott.

Flasche Nr. 8: Der olivgrüne Pomander

Duftnote: Waldkräuter.
Edelsteinenergie: Jade.
Körperliche Symptome: Störungen im vegetativen Nervensystem und im Immunsystem.

Energetische Störungen: Entscheidungsprobleme, Ängste, Konzentrationsprobleme, mangelndes Durchsetzungsvermögen, mangelndes Selbstwertgefühl, Verwirrung, verzerrtes Selbstbild.
Energie-Wirkung: Mitgefühl, Naturliebe, Altruismus, Selbsterkenntnis, Erkennen des Lebenswegs, Durchsetzungsvermögen, intuitives Teilhaben an der Ganzheit, weibliche Kräfte.

Flasche Nr. 9: Der smaragdgrüne Pomander

Duftnote: Wald.
Edelsteinenergie: Smaragd, Malachit.
Körperliche Symptome: Asthma, Bronchitis, Herzbeschwerden.
Energetische Störungen: Nervosität, innere Unruhe, Unentschlossenheit, Schuldgefühle, Ängste, Phobien, Konzentrationsprobleme.
Energie-Wirkung: Innere Ruhe, innerer Frieden, Gelassenheit, Entscheidungsfähigkeit, Erkenntnis, Naturliebe; Erweiterung und Schutz des eigenen inneren und äußeren Raumes.

Flasche Nr. 10: Der türkise Pomander

Duftnote: Zeder.
Edelsteinenergie: Aquamarin.
Körperliche Symptome: Herzbeschwerden, Störungen im Immunsystem, Asthma, Bronchitis.
Energetische Störungen: Unsicherheit, Schüchternheit, Minderwertigkeitskomplexe, Autoritätsprobleme, Sprachprobleme, Lampenfieber.

Energie-Wirkung: Kreativität, Ausdrucksfähigkeit, Kommunikation, Auftreten in der Öffentlichkeit, Gefühlsbereicherung, Weite des Herzens, neue Wege, Lebensfreude.

Flasche Nr. 11: Der saphirblaue Pomander

Duftnote: Waldfrühling.
Edelsteinenergie: Saphir, Aquamarin.
Körperliche Symptome: Halsschmerzen, Funktionsstörungen der Schilddrüse, Störungen im Immunsystem.
Energetische Störungen: Überaktivität, Leiden, Kopflastigkeit, Unterscheidungsprobleme, Probleme, sich auszudrücken, Ängste vor neuen Entwicklungsphasen.
Energie-Wirkung: Gelassenheit, Schutz vor körperlichen oder psychischen Verletzungen, innere Ruhe, Vertrauen, Intuition, gefühlte Wahrheiten, Erweiterung des Horizonts, Kreativität, Verbindung zum höheren Selbst und zu Schutzengel-Energien.

Flasche Nr. 12: Der königsblaue Pomander

Duftnote: Frühling.
Edelsteinenergie: Lapislazuli.
Körperliche Symptome: Ohrenschmerzen, Hörprobleme, Störungen der Hirnanhangdrüse.
Energetische Störungen: Isolationsgefühle, Einsamkeit, Kommunikationsprobleme, Depressionen, Ängste.
Energie-Wirkung: Intuition, Mitgefühl, Hellsichtigkeit, Zugang zur Musik, intensive Wahrnehmung, Ausdrucksvermögen; führt aus der Isolation »in die Welt hinaus«.

Flasche Nr. 13: Der violette Pomander

Duftnote: Veilchen.
Edelsteinenergie: Amethyst, Bergkristall.
Körperliche Symptome: Kopfschmerzen, Migräne, Störungen im Nervensystem, Hautleiden, Schlafstörungen.
Energetische Störungen: Nervosität, Überreizung, Zusammenbrüche, mangelnde Selbstliebe, mangelndes Selbstwertgefühl, festgefahren sein, Streß, Unterscheidungsprobleme.
Energie-Wirkung: Selbstakzeptanz, klarere Wahrnehmung, innere Ruhe, Wärme, Ausgeglichenheit, Harmonie; »die Welt mit neuen Augen sehen«.

☛ Kann vor dem Einschlafen beruhigend wirken und daher hilfreich sein.

Flasche Nr. 14: Der dunkelmagenta Pomander

Duftnote: Lavendel.
Edelsteinenergie: Amethyst, Rubin, Granat.
Körperliche Symptome: Kopfbeschwerden, Störungen im Gehirn und im gesamten Körper.
Energetische Störungen: Depressionen, Blockaden, negative Konditionierungen, Trennungsprobleme, emotionale Probleme.
Energie-Wirkung: Entspannung, Verständnis, Selbsterkenntnis, Erkennen der Lebensaufgabe, Selbstverwirklichung, Verbindung von Verstand und Gefühl, Liebe in allen Tätigkeiten, Zugang zu höheren Ebenen, ganzheitliche innere Ruhe, Heilkräfte, Naturverbundenheit.

Die Quintessenzen

Diese Substanzen beinhalten die höchsten bzw. feinsten Energiestufen im ganzen Aura-Soma-Programm. In wäßriger Lösung sind hier energetische Schwingungen konserviert, die einen bestimmten Entwicklungsstand höherer Seelen widerspiegeln. Es ist also jeweils eine bestimmte Form kosmischer Energie in diesen Flaschen enthalten.

- Die Quintessenzen bestehen aus einer **Alkohol-Wasser-Lösung**.
- Alle 14 Quintessenzen beinhalten dieselben **39 Kräuter**.
- In jeder Essenz sind jeweils 3 unterschiedliche Kräuter dominierend.
- Die Quintessenzen haben, wie die Pomander, nur eine Farbe pro Fläschchen.
- Edelstein- und Mineralienenergie sind, wie bei allen Aura-Soma-Produkten, durch kabbalistische Gebete eingeleitet worden.
- Die Substanzen können von verschiedenen Menschen benutzt werden. Es gibt kein energetisches Problem wie bei den Balance-Flaschen.
- Ebenso wie die Pomander können die Quintessenzen nach Duft oder Intuition ausgewählt werden. Falls dieser Weg blockiert sein sollte, wird die Quintessenz entsprechend der unteren Farbe Ihrer ersten Balance-Flasche gewählt.
- Es kann durchaus sein, daß Ihnen die Quintessenzen nicht zusagen oder Sie Probleme haben, die Vorstellung von körperlosen höheren Meistern aus reiner Energie zu akzeptieren. Sie sind nicht verpflichtet, alle Aura-Soma-Produkte anzuwenden! Benutzen Sie die Substanzen, welche Ihnen gefallen.

Die Anwendung der Quintessenzen

Die Quintessenzen werden ähnlich wie die Pomander in das Energiefeld des Körpers eingefächelt. Wie bei den Pomandern stellen Sie sich am besten aufrecht hin, mit festem Stand.

- Nehmen Sie das Fläschchen mit der Quintessenz in die rechte Hand und geben Sie **drei Tropfen** dieser Essenz auf Ihr **linkes Handgelenk**.
- Verreiben Sie mit dem rechten Handgelenk die Substanz. Nun verteilen Sie die Energie rings um die Handgelenke, indem Sie diese umeinander reiben.
- Strecken Sie beide Hände seitlich am Kopf vorbei in die Höhe.
- Beginnen Sie jetzt oberhalb Ihres Kopfes mit großen Fächelbewegungen. Der Körperabstand sollte bei den Quintessenzen möglichst eine Unterarmlänge betragen.
- Schlagen Sie mit den Unterarmen wie mit Flügeln. Nicht nur mit den Händen fächeln, wie bei den Pomandern, sondern große und weit ausholende Bewegungen machen.
- Jetzt vom Kopf bis zu den Füßen herunter fächeln. Versuchen Sie auch Ihre Rückseite mit einzubeziehen.
- Geben Sie am Boden in Gedanken etwas von der Energie an die Erde ab, in Kopfhöhe an den Kosmos.
- Am Ende halten Sie Ihre Handgelenke vor die Nase und atmen Sie den Duft tief ein, so lange Sie mögen.

Die Quintessenzen können allein oder zusätzlich zu den anderen Aura-Soma-Substanzen verwendet werden. Diese Essenzen beinhalten die höchsten Energieschwingungen des Aura-Soma-Systems.

Das Konzept hinter den Quintessenzen

Mit den Quintessenzen kann ein energetischer Bezug zu höheren kosmischen Wesen hergestellt werden.

Die Namen der 14 Quintessenzen sind identisch mit den Namen der Balance-Flaschen Nr. 50 bis Nr. 64, welche als Meisteröle bezeichnet werden. Diese Meisterflaschen sind vorwiegend in Pastellfarben gehalten. Zwischen den gleichnamigen Balance-Substanzen und den Quintessenzen besteht folgender Zusammenhang:

- Die Balance-Flaschen wirken auf einer grobstofflicheren Energieebene, der Wechselwirkung von Seele und Körper.
- Die Quintessenzen wirken auf einer feinstofflicheren Energieebene, der Wechselwirkung zwischen Seele und Kosmos, Astralkörper und Unendlichkeit.
- Ein Balanceöl und eine Quintessenz gleichen Namens haben dieselbe Farbe. Diese spezielle Farbenergie repräsentiert einen grundlegenden Seelenbereich.
- Alle Seelen haben bestimmte gleichbleibende Grundmuster, die jeder durchleben und aktivieren muß, bis sie alle in reiner Liebe erstrahlen. Diese Grundschemata können auch Archetypen genannt werden. Es sind verschiedene Urstrukturen der Selbstverwirklichung in jeder Seele. Das Ziel jeder der 14 verschiedenen Grundrichtungen ist letztlich die Überwindung des Egos.

Ein Bild zum Vergleich:

Das chemische Element H_2O, also Wasser, kann in verschiedenen Aggregatzuständen vorkommen: in flüssiger Form (als Wasser), in fester Form (als Eis) und in Gasform (als Wasserdampf). Ähnlich verhält es sich mit den Meisterenergien. In den Balance-Flaschen wirkt die Energie auf den feststofflichen Bereich ein, während in den Quintessenzen die Meisterenergie feinstofflich, wie Dampf, aufsteigend ist und so die Seele mit dem Universum verbindet.

Die Entwicklung vom Balance-Öl zur Quintessenz

- Die Balance-Substanzen sollen helfen, einen bestimmten Archetyp der Lebensführung zu aktivieren.
- Meist ist ein Mensch, der ein Meisteröl wählt, in einer seiner seelischen Grundstrukturen festgefahren. Das Balance-Meister-Öl soll helfen, diese Sackgassensituation zu überwinden und die Richtung zur Auflösung des Musters einzuschlagen.
- Ist ein Mensch nun diesen Weg gegangen, wartet stets am Ende die Verbindung mit der kosmischen Liebe und die Auflösung der eigenen Interessen.
- Um diese Erlösung am Ende eines durchlebten Grundmusters zu erleichtern, gibt es die Quintessenzen. Sie sollen helfen, den letzten Schritt zur Vollendung eines Archetyps zu tun.
- Danach wird der nächste Grundtyp des seelischen Lernprogramms in Angriff genommen, repräsentiert durch eine andere Farbe und eine dieser entsprechende Meisteressenz.

Vicky Wall bestätigte, daß es keine weiteren Meisteröle oder Quintessenzen geben würde. Ohne es zu merken, hatte sie damit ein Grundschema der menschlichen Seele erhalten.

Die Grundstruktur der Seele und die Meisteressenzen

Dem zunächst vielleicht seltsam klingenden Zusammenhang der Meisterenergien liegt, bislang unausgesprochen, ein theosophisches Konzept zugrunde:

1. Alle Seelen haben dieselbe Grundstruktur.
2. Die Grundstruktur der menschlichen Seele läßt sich einteilen in exakt 14 verschiedene Abschnitte. Vergleichsweise kann man sich die Seele als kreisrunde Torte vorstellen, die in 14 Tortenstücke aufgeteilt ist. Jedes »Tortenstück« ist eine grundlegende Art, das Leben aufzufassen.
3. Jede Seele muß die kompletten 14 Arten, das Leben zu meistern, durchleben.
4. Wie bei einem Tortenstück ist der Weg am Anfang schmal und wird breiter, je näher man ans Ende, an den »Tortenrand«, kommt. Danach ist das »Tortenstück«, dieser spezielle Lebensabschnitt, zu Ende, und es beginnt der Kosmos.
5. Die 14 zu durchlebenden und zu überwindenden Archetypen entsprechend jeweils einer bestimmten Farbenergie. Jeder Archetyp, jedes Grundmuster der Lebensbewältigung, hat seine eigene, ihm zugeordnete Farbe.
6. Der Hintergrund ist, daß die Farben als eine Art kosmisches Alphabet oder kosmischer Code gesehen werden. Zu der jeweiligen Farbe der Archetypen der menschlichen Seele passen gleichartige andere Energieformen, wie z.B. Töne oder Tonfolgen.
7. Jeder Archetyp wird von einem höheren Wesen repräsentiert. Die höheren Meister sind einerseits lediglich Symbol des jeweiligen seelischen Grundschemas. Doch zugleich sind die Meister, als am höchsten entwickelte Wesen eines bestimmten Archetyps, auch als real vorhandene Lehrer gemeint.

8. Die in den Balance-Meister-Ölen und noch intensiver in den Quintessenzen vorhandenen farbigen Energien entsprechen den Schwingungen dieser hohen Meister.
9. Die Anwendung einer bestimmten Farbenergie könnte bildlich als eine Art Morsezeichen an einen bestimmten Meister verstanden werden.
10. Die Kontaktaufnahme kann von einem Menschen erbeten und durch Anwendung der entsprechenden Quintessenz quasi betont werden. Die Entscheidung, ob ein Kontakt zu den Meistern zustande kommt, liegt jedoch bei ihnen. Die Erfüllung eines Gebetes ist immer eine gnadenvolle Gewährung. Es besteht kein Anspruch.

Selbst Vicky Wall hatte mit dem Hintergrund der Quintessenzen zunächst Probleme. Die Vorstellung, daß zwischen den Menschen und Gott höhere Wesen quasi als Vermittler oder Helfer stünden, machte ihr schwer zu schaffen. Vicky Wall hatte sich in ihren Gebeten stets an Gottvater selbst gewandt.

Doch die verschiedenen Wege des Gebets und des Glaubens müssen sich nicht gegenseitig ausschließen. Jeder Mensch ist gut beraten, wenn er den ihm zugänglichen Weg zu Gott nimmt.

Die Wirkung der Quintessenzen

Die Energie des Kosmos ist Liebe. Diese alles umfassende Liebe kann die Seele nur erreichen, wenn sie dafür geöffnet ist. Da die erdgebundene Seele immer eines der archetypischen Muster durchlebt, kann die kosmische Liebe sie nur *eingefärbt* durchdringen.

Die göttliche Liebe, das kosmische Licht, ist strahlend weiß und umfaßt alle Farben des Regenbogens. Doch innerhalb eines Lernprogramms ist die Seele nur empfänglich für eine dieses Lernprogramm widerspiegelnde Farbenergie. Ist ein momentanes Lernprogramm abgeschlossen, kann eine andere Farbenergie »hereingelassen« werden.

Wird eine momentan nicht in das Lernprogramm passende Farbenergie benutzt, passiert nichts. Die Energie wird nicht aufgenommen, schadet nichts, aber nutzt auch nichts. Daher ist es wichtig, sich beim Auswählen der Farben völlig zu entspannen.

Die angestrebte Transformation der Seele am Ende eines jeden archetypischen Weges ist immer der Übergang zu einer bestimmten Art von selbstloser kosmischer Liebe. Daher sollen die 14 Quintessenzen jeweils eine bestimmte Seite der universellen kosmischen Liebe fördern.

Diese universelle Liebe hat die im Aura-Soma-System benannten Meister bewogen, den Menschen in der Bewältigung ihrer Lebensaufgaben zu helfen.

Die Namen der Meister bezeichnen bestimmte Arten der kosmischen Liebe. Zunächst kann davon ausgegangen werden, daß die Meisternamen lediglich das Verständnis für den speziellen Grundton der jeweiligen Liebe erleichtern sollen. Es ist aber durchaus möglich, daß die Meisternamen sowohl symbolisch als auch konkret gemeint sein könnten.

Quintessenz Nr. 1: El Morya
Farbe: Hellblau

Duftnote: Blumen.
Transformationsthema: Sich dem Willen Gottvaters anvertrauen.
Archetyp: Mutter- und Vaterliebe.
Energetische Störungen: Alte Konditionierungen, Schwangerschaft (auch für die werdenden Väter), Einsamkeit, Egoismus, Blockaden, Autoritätsprobleme, Sinnkrise.

Wirkung: Frieden, Kreativität, Klarheit, Vertrauen, Hingabe, Mitgefühl, Mut, Erkennen der Lebensaufgabe, Schutz des feinstofflichen Energiefeldes, Harmonisierung auf allen Ebenen (vom Körper bis zum Astralleib), Überwindung des Egos, tiefe Selbsterkenntnis (jenseits des Egos), den göttlichen Willen in allem erkennen, Botschaften verstehen, Erkennen des Lichtalphabets und der Naturgesetze, starke Heilenergien.

☛ Das höhere Selbst tritt in vertrauensvolle Wechselwirkung mit dem göttlichen Willen

Quintessenz Nr. 2: Kuthumi
Farbe: Hellgold

Duftnote: Blumen und Gewürze.
Transformationsthema: Kontakt und Austausch mit Engeln, Pflanzen- und Tierwesen.
Archetyp: Liebe zu allen Lebewesen (auch Pflanzen-, Tier-, Engelwesen), Franz von Assisi.
Energetische Störungen: Spirituelle Ängste, Angst vor dem Unbekannten, Verwirrung, Einsamkeit, Blockaden.
Wirkung: Liebe, Klarheit, innere Harmonie, Humor, Mitgefühl, Zugang zu anderen Ebenen der Selbsterkenntnis, Channeling, Heilung, Vertrauen zur Wesensebene, Verbindung von Bewußtsein zu Bewußtsein, Einheitsbewußtsein, Verständnis für Symbolik, höheres Wissen, Eingebundensein, Dankbarkeit, Naturverbundenheit, Kontakt zu Naturwesen.

Quintessenz Nr. 3: Lady Nada
Farbe: Hellrosa

Duftnote: Rosen.
Transformationsthema: Kosmische Liebe als Sprache in Tönen und Farben.
Archetyp: Bedingungslose Liebe, Gottesmutter Maria.
Energetische Störungen: Augenleiden, Ohrenprobleme, Identitätsprobleme mit der eigenen Geschlechterrolle, Selbstverurteilung, mangelndes Selbstwertgefühl, negative Lebenseinstellung, negative Egozentrik (»nur mir passiert Schlechtes«), Helfersyndrom, Neid, Aggressionen, Ärger, Blockaden, Kommunikationsprobleme.
Wirkung: Bedingungslose Liebe, Selbstakzeptanz, Kraft, Mut, Weisheit des Herzens, Kommunikationsfähigkeit, Heilkräfte von Musik und Stimmen, Zusammenhang von Tönen und Farben, Engelssprache, Ausgeglichenheit, Eingebundensein, Harmonie, Fürsorge; Räume mit negativer Energie können gereinigt werden.

Quintessenz Nr. 4: Hilarion
Farbe: Hellgrün

Duftnote: Wald.
Transformationsthema: Liebe bringt inneres Licht und Wahrheit.
Archetyp: Liebe zur Wahrheit.
Energetische Störungen: Atemprobleme, Beklemmungsgefühle, Kopflastigkeit, mangelnde Selbstakzeptanz, Streß, innerer Druck, Erstarrung, Unterscheidungsprobleme, Unentschlossenheit.
Wirkung: Ruhe, Frieden, Selbsterkenntnis, Wahrheiten mit Verstand und Gefühl erfassen, Wahrheitserlebnisse, Entscheidungsfähigkeit, Lebensweg finden, Neuanfang.

Quintessenz Nr. 5: Serapis Bey
Farbe: Klar

Duftnote: Gewürze.
Transformationsthema: Energieausdehnung, energetische Kontakte zum Mikro- und Makrokosmos.
Archetyp: Kosmische Liebe ist unendliche Energie.
Energetische Störungen: Vorwürfe, Selbstvorwürfe, Bitterkeit, Trauer, Zorn, Festhalten an überlebten Grundsätzen, alte Konditionierungen, unausgewertete Erfahrungen, mangelnde Gegenwartsbezogenheit; energetische Belastungen der Aura, von Räumen und Edelsteinen.
Wirkung: Karmaverständnis, innere Klarheit, Vergebung, Selbstvergebung, Auflösung innerer Muster, inneres Wachstum, Verbindung zu Edelsteinenergien, Ausdehnung des Energiefeldes, Intensivierung von energetischen Kontakten (auch über weite Strecken), Verbindung zur Energie der Sterne und zu interstellaren Kulturen, neue Lebensabschnitte.

☛ Zur Aura- und Raumreinigung (auch nach Therapiesitzungen), zur Reinigung von Edelsteinen.

Quintessenz Nr. 6: Der Christus
Farbe: Dunkelrot

Duftnote: Wald.
Transformationsthema: Überwindung des Egos, liebevolle geerdete Aktivität.
Archetyp: Liebe auf die Erde bringen.
Energetische Störungen: Ischias, Rheuma, Rückenprobleme, Müdigkeit, Frustration, Unversöhnlichkeit, Erschöpfung, innere Leere, Helfersyndrom, Blockaden.
Wirkung: Energie, Erdung, Aktivität, Ausdrucksfähigkeit, klarer Verstand, Erkennen der Lebensaufgabe, Nächsten-

liebe, Umsetzung höherer Energien in irdische Tätigkeiten, Überwindung des Egos, Demut, Heilung, Vergebung.

☛ Ab nachmittags nicht mehr anwenden, da Rot viel Energie bringt und wach hält!

Quintessenz Nr. 7: Saint Germain
Farbe: Hellviolett

Duftnote: Wiesenblumen.
Transformationsthema: Inneres Wachstum, neue Entwicklungsstufe.
Archetyp: Erweiterte Selbstliebe: durch Liebe innere Grenzen sprengen.
Energetische Störungen: Ängste, Illusionen, Überaktivität, Existenzprobleme, Süchte, mangelnde Integration des weiblichen oder männlichen Aspekts, Kommunikationsprobleme, sich unverstanden fühlen, emotionale Probleme, Blockaden, Festhalten an überlebten Mustern.
Wirkung: Beruhigung, inneres Gleichgewicht, Vereinigung von Gegensätzen, Einfühlungsvermögen, Mitgefühl, Verständnis, Kommunikationsfähigkeit, Zugang zu Heilkräften, Veränderung, innere Erneuerung, Weiterentwicklung.

Quintessenz Nr. 8: Pallas Athene & Aeolus
Farbe: Rosenpink

Duftnote: Frühlingsblumen.
Transformationsthema: Selbsterkenntnis auf der Gefühlsebene, Unbewußtes bewußt machen, Geburt des Selbstbewußtseins.

Archetyp: Liebe zur Lebensaufgabe.
Energetische Störungen: Lebensunlust, Sinnkrise, mangelndes Selbstwertgefühl, mangelndes Selbstverständnis, Existenzängste, alte Konditionierungen, Festhalten an überlebten Grundsätzen.
Wirkung: Bewußtsein der eigenen Lebensaufgabe, Selbstvertrauen, Selbsterkenntnis, Intuition, Verständnis von Traumbotschaften, Traumarbeit, erdbezogene Spiritualität, Zugang zu Mythen, Wertschätzung des Alltäglichen.

☛ Vor dem Schlafen angewandt wirkt diese Substanz besonders gut.

Quintessenz Nr. 9: Orion & Angelika
Farbe: Rosa

Duftnote: Zitrusfrüchte.
Transformationsthema: Sicherheit in der Bewegung finden.
Archetyp: Liebe zur Erdenreise.
Energetische Störungen: Erstarrung, Probleme der Wechseljahre und der Pubertät, Isolationsgefühle, Illusionen, mangelnde Erdung, mangelndes Zeitgefühl, mangelnde Gegenwartsbezogenheit, Vernachlässigung des »inneren Kindes«, Weltschmerz, Unsicherheit.
Wirkung: Energie, Arbeitselan, gutes Zeitgefühl, Verbindung zum »inneren Kind« und zum Schutzengel, Naturliebe, Schutz, Geborgenheit, Neubeginn, Abschluß.

☛ Harmonisierend bei Reisen (auch inneren); reinigt von negativen Energien.

Quintessenz Nr. 10: Lady Portia
Farbe: Gold

Duftnote: Sommerblumen.
Transformationsthema: Gerechtigkeit, Gnade statt Kritik, Erkenntnis der Unvergleichbarkeit von individuellen Lebenswegen.
Archetyp: Wertfreiheit, Liebe zur Individualität.
Energetische Störungen: Ängste, Erwartungsängste, alte Konditionierungen, Schuldgefühle, Selbstvorwürfe, selbstzerstörerisches Verhalten, Vorurteile, Kritiksucht, Überaktivität, Unterscheidungsprobleme.
Wirkung: Mitgefühl, Ausdrucksfähigkeit, Selbsterkenntnis, Selbstakzeptanz, Selbstvergebung, Entspannung, Ausgeglichenheit, Gerechtigkeit, Verständnis, Gnade.

☛ Bringt Heilkräfte für Tiere.

Quintessenz Nr. 11: Lao-Tse & Kwan-Yin
Farbe: Hellorange

Duftnote: Orangen.
Transformationsthema: Erlebnisbearbeitung, Vergangenes loslassen.
Archetyp: Liebe zu den Lernaufgaben des Lebens, Freude an Erfahrungswissen.
Energetische Störungen: Schocks, Traumata, Verspannungen, Krämpfe, alte Konditionierungen, Festhalten an überlebten Grundsätzen, Leiden, Erstarrung.
Wirkung: Selbstliebe, innerer Frieden, Erfahrungsauswertung (auch vergangener Inkarnationen), Lektionen erkennen, Mitgefühl, Vertrauen, Bewußtsein von der Unsterblichkeit der Seele und von der Liebe als Urkraft, Transfor-

mation, Fürsorge, Schutz vor Krankheiten, Krankheitsursachen erkennen, Entgiftung.

Quintessenz Nr. 12: Sanat Kumara
Farbe: Hellkoralle

Duftnote: Gewürze.
Transformationsthema: Wahrheit, Selbsterkenntnis, Teil der göttlichen Einheit sein.
Archetyp: Liebe verbindet mit höheren Ebenen.
Energetische Störungen: Naivität, Mißbrauch, Identifikationsprobleme mit der eigenen Geschlechterrolle, Vernachlässigung des »inneren Kindes«, Isolationsgefühle, emotionale Probleme, Selbstzweifel, Mißtrauen, alte Konditionierungen.
Wirkung: Erkennen der Wahrheit hinter den Fassaden, Zugang zu anderen Dimensionen, Meisterkontakte, Engelkontakte, Erkennen der unsterblichen Seele, Erfahrungsauswertung, Einheitsbewußtsein.

Quintessenz Nr. 13: Maha Chohan
Farbe: Helltürkis

Duftnote: Orientalische Süße.
Transformationsthema: Teil des Ganzen sein; neue Kommunikationsformen mit höheren Ebenen, Kommunikation des Herzens.
Archetyp: Die Liebe des Herzens verbindet mit uns mit allem.
Energetische Störungen: Erstarrung, Isolationsgefühle, sich ungeliebt fühlen, Blockaden, emotionale Probleme, Kopflastigkeit, Festhalten an überlebten Grundsätzen, mangelnde Selbstliebe.

Wirkung: Kreativität, Spiritualität, Ganzheitlichkeit, Zusammenwirken von Verstand und Gefühl, Selbstliebe, Verbindung zum höheren Selbst, Kommunikationsfähigkeit, Herzenswärme, Intuition, Kontakt zu höheren Ebenen, Heilkräfte, Veränderungen annehmen, Altruismus, Naturliebe.

Quintessenz Nr. 14: Djwal Khul
Farbe: Smaragdgrün

Duftnote: Wald.
Transformationsthema: Ausgeglichenheit, Wahrheitserlebnisse, Wahrheitssuche.
Archetyp: Liebe zur Veränderung, zum Fluß des Lebens.
Energetische Störungen: Ängste, alte Konditionierungen, Erstarrung, mangelnde Erdung, spirituelle Probleme, Übermotionalität, emotionale Probleme, Blockaden.
Wirkung: Selbstliebe, Kreativität, Ausdrucksfähigkeit, Freude, Erweiterung der Erkenntnisfähigkeit, Kontakt zu den Sternen (auch Astrologie), Erdung, Intuition, Verstandeskräfte, Klarheit, Ganzheitlichkeit, Zugang zu Heilkräften, Naturverständnis, Erkennen der Naturgesetze.

Weitere Produkte

Die Hauptbestandteile des Aura-Soma-Programms sind die Balance-Substanzen, die Pomander und die Quintessenzen.

Zusätzlich gibt es noch einige Aura-Soma-Pflegeprodukte, wie z.B. Cremes, Lotionen und Badezusätze, deren Rezeptur Vicky Wall hinterlassen hat.

Eine Sonderstellung unter den ergänzenden Aura-Soma-Produkten nehmen die **Tinkturen** ein:

- Die Tinkturen sind die einzigen Aura-Soma-Produkte zur innerlichen Anwendung.
- Diese Tropfen sind in allen Aura-Soma-Farben erhältlich.
- Die Einnahme einer Tinktur sollte mit Ihrem Aura-Soma-Berater oder einem Heilkundigen besprochen werden, denn die »Farben zum Einnehmen« sind **Tempomacher**. Innere Prozesse, die durch die Aura-Soma-Substanzen angeregt werden sollen, werden durch die Tinkturen beschleunigt. Nicht immer ist es ratsam, eine notwendige Entwicklung im »Schnelldurchlauf« zu absolvieren.

Nachwort

Wir haben versucht, die Erkenntnisse von Aura-Soma für den eigenen Gebrauch in der Praxis zu erläutern. Und wir hoffen, daß wir Ihnen viele Fragen beantworten, viele hilfreiche Ratschläge geben konnten.

Bedenken Sie aber immer, vor allem, wenn Sie sich erstmals mit Aura-Soma beschäftigen, daß es sich hier nicht um eine Medizin handelt, die man sich wie eine Kopfschmerztablette aus der Apotheke holt - und die dann sofort und zielgerichtet wirkt.

Bedenken Sie immer, daß Aura-Soma für Sie vielleicht der erste Schritt hin zur ganzheitlichen Medizin sein kann und die Behandlung einer körperlichen Krankheit immer mit der Suche nach dem seelischen Problem beginnt. Sehen Sie Aura-Soma deshalb nie als Notfall-Medizin an, sondern als einen wichtigen Schritt – hin zu sich selbst.

Dann wird sich auch der Erfolg einstellen. Viel länger, dauerhafter und tiefgreifender, als dies mit allen schulmedizinischen Mitteln zu erreichen ist.

Die Autorinnen

Anhang

Literaturverzeichnis

Als sehr empfehlenswert für alle, die sich noch für weitere Veröffentlichungen zu diesem Thema interessieren, können wir die folgenden Bücher benennen:

Anita Bind-Klinger: Die Aura-Soma-Meisteressenzen. Aquamarin Verlag, Grafing 1996

Irene Dalichow/Mike Booth: Aura-Soma. Heilung durch Farbe, Pflanzen und Edelsteinenergie. Knaur, München 1994

Anja Senser: Aura Soma. Heilen mit Licht und Farben, Südwest Verlag, München 1996

Vicky Wall: Aura-Soma. Das Wunder der Farbheilung und die Geschichte eines Lebens, Verlag Hans-Jürgen Maurer, Frankfurt 1990

Suzan H. Wiegel: Aura Soma, leicht gemacht!, Fischer Media Verlag, München, 1996

Aura-Soma-Zentren

Neben dem Zentrum in England gibt es auch in Deutschland, in der Schweiz und in Österreich Aura-Soma-Zentren. Dort können Auskünfte über die Substanzen eingeholt werden. Adressen von ausgebildeten Aura-Soma-Beratern sowie Bezugsquellen sind dort ebenfalls bekannt.

Dev-Aura
Little London
Tetford, Horncastle
Lincolnshire, LN96QL
Great Britain

Aura-Soma Germany
Iris Rebilas und
Constanze Sträter
Gohrstraße 24
D-42579 Heiligenhaus

Aura-Soma Austria
Hanni Reichlin-Meldegg
Silbergasse 45/1
A-1190 Wien

Aura-Soma-Center
Sylvia Elsener
Züricherstraße 12
CH-8134 Adliswil

Stichwortregister der Balance-Flaschen

Die folgenden Seiten können ein Hilfsmittel sein, Blockaden bei der Flaschenauswahl zu überwinden. Ebenso können sie Heilkundigen helfen, die Behandlung eines Patienten einzukreisen.

Diese Auflistungen sollen ein Arbeitsmittel darstellen. Sie können beliebig ergänzt werden. Falls Sie mit einem Mittel neue Erfahrungen bezüglich der Wirkweise gemacht haben, tragen Sie diese neuen Erkenntnisse einfach zusätzlich ein. So entwickelt sich ein persönliches Handwerkszeug.

Bei allen körperlichen und/oder seelischen Disharmonien gibt es begleitende Symptome. Die Auflistung zeigt vorwiegend die Haupterscheinungsformen von Disharmonien.

Körperliche Disharmonien

Abschürfungen	Nr. 1
Abschürfungen (bei Kindern)	Nr. 20
Adrenalinspiegel (Ausgleich)	Nr. 8, Nr. 14, Nr. 67, Nr. 80, Nr. 87
Akne	Nr. 34
Allergien	Nr. 23, Nr. 31
Altersflecken	Nr. 32
Alzheimer-Krankheit	Nr. 47, Nr. 61
Angina pectoris	Nr. 3, Nr. 91
Appetitlosigkeit	Nr. 19
Arthritis	Nr. 4, Nr. 38, Nr. 75
Asthma (bei Kindern)	Nr. 13, Nr. 21
Asthma	Nr. 3, Nr. 9, Nr. 21, Nr. 53, Nr. 62, Nr. 82
Augenprobleme	Nr. 33, Nr. 69
Bauchspeicheldrüse	Nr. 31, Nr. 32, Nr. 90
Blähungen	Nr. 4
Blasenentzündung	Nr. 1
Blasenleiden	Nr. 5, Nr. 38
Blutarmut	Nr. 84
Blutdruck, hoher	Nr. 1, Nr. 78

Seelische Disharmonien

Verzeichnis der Substanzen

Balance-Flaschen

Die Pomander

Die Quintessenzen